正面管教男孩的沟通细节

ZHENGMIAN GUANJIAO NANHAI DE GOUTONG XIJIE

蔡万刚 ◎ 编著

中国纺织出版社有限公司

内 容 提 要

在教育男孩的过程中，有一种全新的教育理念——正面管教，正面管教的方法摒弃了传统的打骂、批评、娇惯等教育方式，更有助于父母管教男孩、培养男孩。

本书结合生活中的教育案例，将正面管教融入其中，引导父母学会正视榜样的力量，学会与男孩沟通，并为男孩设订规矩，同时让男孩改掉一些坏习惯、坏毛病，形成良好的行为习惯，从而培养优秀的男孩。

图书在版编目（CIP）数据

正面管教男孩的沟通细节／蔡万刚编著．－－北京：中国纺织出版社有限公司，2021.2
ISBN 978-7-5180-7234-7

Ⅰ．①正… Ⅱ．①蔡… Ⅲ．①男性—儿童教育—家庭教育 Ⅳ．①G782

中国版本图书馆CIP数据核字（2020）第043146号

责任编辑：赵晓红　　责任校对：王蕙莹　　责任印制：储志伟

中国纺织出版社有限公司出版发行
地址：北京市朝阳区百子湾东里A407号楼　邮政编码：100124
销售电话：010-67004422　传真：010-87155801
http://www.c-textilep.com
中国纺织出版社天猫旗舰店
官方微博http://weibo.com/2119887771
三河市延风印装有限公司印刷　各地新华书店经销
2021年2月第1版第1次印刷
开本：880×1230　1/32　印张：7
字数：168千字　定价：39.80元

凡购本书，如有缺页、倒页、脱页，由本社图书营销中心调换

前言

在我们生活中，听到不少父母对自己儿子的"控诉"：孩子真是毛病太多了，爱说谎、邋遢、拖拉、粗心、懒惰等，让父母颇为头疼。的确，相对来说，男孩比女孩调皮，更难管教，而通常来说，父母们采用的管教方式有两种：

其一，严厉式。所谓"棍棒之下出人才"，这是一些父母教育男孩的理念，男孩稍微有点行为上的"差池"，他们就采用打骂的方式进行教育。

其二，娇纵式。现代大部分家庭只有一个孩子，男孩就成了家里的"独苗苗"，父母希望把最好的都给男孩，不舍得管教，对孩子也是有求必应，一味地惯着孩子，他们认为，这样孩子就听话了。

那么，这两种管教方式正确吗？

我们来分析这两种管教方式：

对于男孩的不良行为，打骂的方式固然能及时制止，但是长期的惩罚要么会让男孩变得胆小、自卑、缺乏主见，要么走向另外一个极端，叛逆、愤恨。而一味地娇纵男孩，则会让孩子变得霸道、自私、任性，对父母依赖性强，以自我为中心，这样的男孩又怎么能长成真正的男子汉呢？

那么，有没有一种更好的管教方式呢？

美国教育学博士简·尼尔森提出了"正面管教"这一概念，他认为管教孩子要用和善而坚定的方法，而不是打骂，也不是溺爱、娇纵。

其实，男孩将来成为一个什么样的人，有多大出息，在很大程度上取决于父母的教育。父母是他的第一任老师，是指引孩子走向成功的领路人。

除此之外，父母还应该是他的朋友，他的倾听者。为此，父母要学会和男孩正面沟通，从而了解他的内心世界，给他所需要的帮助和爱护，让他茁壮成长。

面对淘气的男孩，最好的管教方式是立规矩。所谓"无规矩不成方圆"，通过立规矩，可以纠正他的坏习惯，让他学会遵守规则。当然，淘气的男孩会经常犯错，这时切忌使用打骂、斥责的老套路进行管教，不妨正确纠错，让他从错误中学会改变，学会成长。

其实，男孩很多的小毛病并不是与生俱来的，很大程度上是后天影响的结果，既然是后天影响，就有改正、改善甚至养成好习惯的可能，只要用对方式，不气馁，好男孩是可以塑造出来的。

另外，对于爱贪玩、不爱学习的男孩，很多时候，即使你百般批评，甚至打骂，估计也无济于事。其实只要你换一种管教方式，试试正面管教，你就会发现，让孩子主动爱上学习并没有想象中那么难。

除此之外，正面管教还会帮助你教会孩子做人，培养他诚实守信、宽容大度、谦虚谨慎等美好品质；帮助他学会独立，自己去应对生活中的种种困难和挑战；培养和提高他的情商，让他学会控制情绪，学会交友，学会明辨是非……

这就是正面管教的力量！

本书就是针对生活中很多父母对男孩教育的苦恼，结合具体教育案例，让广大家长朋友们看到正面管教带来的积极效应，进而帮助我们转变错误的教育观念，获得全新的教育方法。希望阅读本书的父母都能获得一份养育男孩的智慧，让管教变得容易些。

编著者

2020年10月

目录

第1章 不打不骂不动气：叛逆不是孩子的错 ‖001

你了解男孩叛逆的心理原因吗 ‖002

教育男孩，家长不能太专制 ‖004

改变棍棒式教育男孩的方式 ‖006

离家出走的男孩心里是怎么想的 ‖009

男孩总是心浮气躁，怎么办 ‖012

爱攀比、虚荣心强的男孩该怎么引导 ‖015

男孩总是想学坏，怎么办 ‖017

信任男孩，他才愿意敞开心扉 ‖020

怎样引导男孩让亲子间沟通畅通无阻 ‖022

第2章 男孩总是对着干，父母应该怎样做 ‖025

正确处理男孩的对抗情绪 ‖026

转变教育男孩的思路 ‖029

当亲子间发生矛盾后如何灭火 ‖031

改变棍棒式的教育男孩的方式 ‖033

当男孩和你的关系开始疏远怎么办 ‖036

聪明妈妈,不要拿他与别人做比较 ‖ 038

妈妈唠叨,只会让男孩更加疏远你 ‖ 040

第3章 男孩改不掉坏习惯,父母应该怎样做 ‖ 043

让诚实守信代替男孩的撒谎成"性" ‖ 044

如何帮助男孩克服自私心理 ‖ 046

不要让男孩养成粗心马虎的习惯 ‖ 048

别让懒散成为男孩成长的绊脚石 ‖ 051

好男孩拒绝脏话不说粗口 ‖ 053

不要让男孩事事依赖"钱" ‖ 056

第4章 男孩人际关系差,父母应该怎样做 ‖ 059

教男孩学会礼让,获得好感 ‖ 060

告诉男孩尊重别人就是尊重自己 ‖ 062

教育男孩要心中有他人 ‖ 065

教育男孩要懂得分享 ‖ 067

让男孩学会主动给予 ‖ 070

鼓励男孩主动帮助别人 ‖ 072

让男孩学会换位思考 ‖ 075

让男孩成为人人喜欢的万人迷 ‖ 077

教男孩敢于拒绝他人 ‖080

第5章　男孩不爱学习，父母应该怎样做 ‖083

如何让厌学的男孩爱上学习 ‖084

为男孩营造良好的学习环境 ‖086

帮助男孩适度减压 ‖089

让男孩带着兴趣去学习 ‖092

让男孩自动自发地学习 ‖095

帮助男孩制订一份合理的学习计划 ‖098

男孩偏科现象如何改变 ‖101

如何帮助男孩提高成绩 ‖103

第6章　品格塑造：和善而坚定地引导男孩 ‖107

告诉男孩欲做事、先做人 ‖108

男孩爱撒谎怎么教育 ‖110

拔掉男孩心中"嫉妒"这颗毒瘤 ‖112

引导男孩树立正确的是非观念 ‖115

引导男孩树立正确的道德观 ‖117

男孩虚荣心强怎么引导 ‖120

男孩有偷盗行为，父母如何教育 ‖123

第7章 规矩意识：从日常惯例开始，让男孩懂规矩 ‖ 127

教育男孩，无规矩不成方圆 ‖ 128

规矩与爱的统一，才能成就男孩美好未来 ‖ 130

逐步培养男孩的规则意识 ‖ 133

为男孩立规矩要营造良好氛围 ‖ 136

告诉男孩，作业要独立完成 ‖ 139

年幼的男孩，要为其定饭前便后洗手的规矩 ‖ 141

制订规矩，引导男孩养成早睡早起的习惯 ‖ 144

引导男孩严格遵守交通规则 ‖ 147

第8章 习惯养成：让男孩学会掌控自己的行为 ‖ 151

培养男孩抵制诱惑的能力 ‖ 152

引导男孩控制自己的欲望 ‖ 154

浮躁是男孩成长中的大敌 ‖ 157

培养男孩储蓄的习惯 ‖ 159

让男孩养成预习和复习的习惯 ‖ 162

教会男孩学会管理时间 ‖ 165

第9章　异性交往：教会男孩如何与异性礼貌相处 ‖ 169

放下架子，和男孩谈谈什么是爱情 ‖ 170

怎样和青春期男孩讲解性 ‖ 173

引导男孩正确看待性幻想 ‖ 175

告诉男孩自慰有哪些危害 ‖ 178

男孩与女同学交往就是早恋吗 ‖ 180

男孩与女同学走得太近怎么办 ‖ 183

男孩对女老师产生爱慕之情，如何引导 ‖ 185

引导男孩理智对待网恋 ‖ 188

第10章　智能发展：激发男孩的学习和阅读兴趣 ‖ 193

别用成人的标准来约束男孩 ‖ 194

鼓励男孩大声说出自己的想法 ‖ 196

让男孩学会自己做选择和承担后果 ‖ 199

鼓励男孩敢于质疑，开动大脑 ‖ 201

带领男孩养成每天阅读的习惯 ‖ 204

重视开发男孩的想象力，不要扼杀 ‖ 206

引导男孩培养自己的观察力 ‖ 209

参考文献 ‖ 212

第1章

不打不骂不动气：叛逆不是孩子的错

  我们都知道，相对于女孩来说，男孩更调皮，也更难管教，尤其是随着年纪的增长，他们的主意越来越多。对此，很多父母认为，孩子怎么这么叛逆，而其实，这是因为孩子的身体在成长，随之带来的他们的自我意识也在逐渐增强，他们都渴望独立，他们对父母和老师之言不再"唯命是从"了，他们更会嫌父母和老师管得太严、太啰唆，对家长和老师的教育容易产生逆反心理。因此，这一期间我们称为逆反期，作为父母，一定要理解孩子的逆反心理，并加以引导。只要我们方法得当，就可以兴利抑弊，即使孩子产生逆反情绪，也能及时引领孩子回归。

你了解男孩叛逆的心理原因吗

上初三的毛毛染了黄头发。

回家后,妈妈说:"谁允许你染头发的?你照照镜子,活脱脱一个小流氓,明天不染回来就不许进家门!"

毛毛反驳道:"我就是喜欢,为什么要听你们的?"

这样的场景,或许很多家长都遇到过。我们会发现,男孩和女孩不同,男孩好像就喜欢故意和父母作对,总和父母唱反调。很多父母感叹:"我让他往东,他就是往西。""我说的话,他就当没有听到。"这就是逆反心理。逆反心理是指人们彼此之间为了维护自尊,而对对方的要求采取相反的态度和言行的一种心理状态。

那么,男孩叛逆,有哪些心理原因呢?

第一,生理上的成长对心理的冲击,会让男孩感到无所适从,随之产生了对父母的对抗情绪。

第二,他们渴望独立,但他们并不成熟,所以他们展现出来的是一种对抗父母的幼稚的独立性。

第三,自我意识的增强。随着男孩年龄的逐步增长,一些男孩还处在童年时期,就已经开始逐步有了自我意识,他们开始思考很多小时候没有思考过的问题，而面对父母的管教，他们也开始怀疑，所以采用叛逆的方式。

另外，很多其他因素，如社会和家庭教育的一些不足，也成为男孩叛逆的源头。

此外，青少年如今面临的各种压力，如就业压力、学习压力以及生活中的无聊情绪等，也是叛逆心理产生的"沃土"。

很多家长一看到男孩出现与以往不同的举动，就认为这是叛逆行为，担心自己的让步就意味着孩子的越轨，然而，对孩子的每个小细节都横加指责会使较小的争吵升级为全面战争。因为，孩子最厌恶的就是父母对自己管得太多、干涉太多。

为此，在你的儿子有叛逆苗头的时候，你首先要反思，也许是自己正在挑起这种情绪，或者孩子对自己的什么地方有意见，然后有针对性地找到办法解决。

具体来说，我们要这样疏导：

1.面对男孩的变化，不必大惊小怪

我们首先要做的是了解男孩的身心变化，然后，我们便能理解孩子的这些变化其实都不是什么大问题，在此基础上，我们就能坦然接受孩子的变化，并能转换角度，从孩子的立场看问题。

2.找出男孩产生叛逆心理的原因，有的放矢，对症下药

我们知道，每个孩子产生叛逆心理的原因和表现都是不同的，比如，如果你的儿子剪了一种新潮的发型，你完全可以

把这种现象当作普通的爱美之心。再如，你可以告诉孩子："妈妈知道你是想保持身材，这是好事情呀，显得帅是你的权利呀。但是最好穿厚些，感冒了，会影响课程，那样你会很受罪，那时候你还会有心情欣赏自己的体形吗？"

如果你的儿子事事和你作对，拒绝接受你的任何意见，就需要第三方的介入，让孩子信任的长辈与他好好沟通；或者寻求心理医生的帮助，进行家庭干预或家庭治疗。

在出现比较激烈的叛逆心理时，学会心平气和地去开导他们，也可以请教心理专家，用理解的心态逐步解决问题。

教育男孩，家长不能太专制

涛涛的父母都是知识分子，从小他们对涛涛的管教就十分严格，他们谆谆教导儿子不许这样，不许那样。在十岁以前，涛涛也一直是个很听话的乖孩子。

但自从上了五年级以后，涛涛突然觉得父母的管教让他很烦躁，他甚至觉得家就像个牢笼一样，他害怕回家。

一天，天都黑了，涛涛爸妈发现儿子还没回家，问了所有同学都没有涛涛的消息，他们只好自己找，结果却发现涛涛一个人坐在学校的操场上发呆。他们纳闷了：孩子到底是怎么了？

案例中的涛涛为什么不想回家？因为家对于他来说就是束缚。

事实上，生活中，我们每个人都需要自由。相对于女孩来说，男孩更调皮，更希望无拘无束地成长，如果我们束缚住孩子的手脚，让孩子不许做这个，不许做那个，对孩子大包大揽，那么，孩子会感到窒息，他的一些优良的个性心理品质也会被压抑。而随着孩子慢慢长大，他的自主意识也越来越明显，对于无法呼吸的成长环境，他一定会反抗，那么，亲子关系势必会变得紧张起来。所以，教育男孩，一定不能太专制。

任何一个孩子，都希望得到父母的认可和尊重，希望父母承认自己已经长大，能够处理一些自己的事情，需要更多的空间，而更多时候，家长往往把他们仍当成小孩子，所以对他们仍十分专制，希望事事都替孩子拿主意。有些孩子一旦发现，便会觉得自己被父母轻视，小看了。这会打击他们的积极性，也使他们对父母产生半敌视心态。

为此，家长要做到以下几点：

1.不要压制孩子的想法

即使男孩的看法与大人不同，也要允许他有自己的想法。父母应考虑到孩子的理解能力，举出适当的事例来支持自己的观点，并详细地分析双方的意见。父母不压制男孩的思想，尊重男孩的感觉，他们自然会敬重父母。

2.支持男孩在小事上自己拿主意

家长可以支持男孩自己管理自己，并提醒他界限在哪里。当他做选择时，他觉得自己的确享有主导权，这一点会令他很开心。

3.在条件允许的情况下，让男孩自由支配时间

我们应该尊重男孩自己的选择，让他有一些自己的独立支配的时间，如晚上空余时间，孩子想睡觉，还是看书等，我们不要干涉。

我们的孩子从婴幼儿时期对父母的依赖到逐步建立自我意识，到发展成一个独立的自我，这是不断培养主见的一个过程，而我们父母，如果希望儿子在未来成为一个独立自主的男子汉，就不要压制孩子的想法，不管是学校还是家里发生的事，报纸上登的事，或者是路上看到的事，包括爱吃什么，爱穿什么，爱玩什么，都要问他的意见，这样，才能感受到被尊重，那么，孩子不但学会了独自思考，还能拉近亲子间的关系，让孩子对我们敞开心扉。

改变棍棒式教育男孩的方式

维维是个很活泼的三年级男孩，很调皮，花钱大手大脚，对东西很不爱惜。新买的衣服，穿几天就不喜欢了，扔到一边不再穿了。为此，妈妈很是伤脑筋，正在她准备让儿子尝尝

"家法"的时候，丈夫出来阻挠，他告诉妻子，打是没有用的，不妨对儿子进行一次"忆苦思甜"教育。妈妈觉得有道理，就买了两张票，陪儿子去看芭蕾舞剧《白毛女》。

看完回家后，她问儿子有什么感想，儿子想都没想就说："喜儿去当白毛女，我看是让她爸逼的。借债还钱本来就是天经地义的事，杨白劳借了黄世仁的钱，为什么不早点儿还给人家，逼得女儿躲进山里。"

儿子的回答让妈妈目瞪口呆："我儿子好像是从另一个星球来的，怎么什么也不懂，真拿他没办法！"

妈妈困惑了，自己小时候看电影《白毛女》时，为喜儿流了那么多眼泪，恨死了黄世仁，可今天同样的故事，孩子怎么看不懂了呢？

那么到底该怎么办呢？孩子是打也打不成，骂也骂不得。此时，丈夫对她说，孩子不懂历史，又没有亲身体验，他不知道今天的好日子是怎么来的，当然会产生这么幼稚的想法。

于是，这天晚上，妈妈和爸爸都放下手头的事，协同爷爷奶奶一起，谈起了那个艰苦年代的生活。刚开始，维维有点不耐烦，但后来，维维越听越有兴致，听完后，他说："我终于知道妈妈为什么带我去看《白毛女》了，也明白奶奶为什么那么节约了，我以后也绝不乱花钱了。"

听到儿子这么说，夫妻俩相视一笑。

这里，我们发现，这对夫妻的教育方法是正确的，当儿子有花钱大手大脚、浪费的生活习惯时，他们并没有对孩子进行打骂教育，而是寻找更为积极的方法，在前一种方法行不通的情况下，他们便让孩子了解历史，了解父母所经历的风雨，继而让孩子了解父母的良苦用心。

但现实生活中，这样的家长又有多少呢？随着现代社会生活步伐的提速、竞争压力的加大，作为家长，为了能给孩子一个优越的生活环境，常常由于工作忙碌，而忽视了与孩子多交流，陪孩子一起成长。父母是孩子的第一任老师，也是孩子接触时间最长的朋友，在男孩成长的过程中，最需要的就是父母的关心，最愿意与之交流的也是父母。不少家长认为，男孩子要是不听话，揍一顿就好了。其实不然，粗暴的打骂是不可取的，父母应该找到孩子问题的症结所在，然后对症下药，才能让男孩更健康地成长。尤其是随着男孩身体的成长，他们的自我意识加强，渴望脱离父母的束缚，如果缺少父母的理解，那么，亲子关系就会越发紧张。

可见，父母一味的打骂教育最终结果可能是失去了与孩子交流的机会。常有家长这样抱怨：真不知道我那儿子是怎么想的，总是不肯好好听我说话。对此，父母应该反问自己：作为家长，你有没有与孩子好好交谈？我们把大量的时间用来批评和教育孩子，却忽略了孩子的想法。父母应该做的不仅是为孩子提供良好的物质生活，同时，还应该去倾听男孩的内心，让彼此间的心灵更为亲近。

可能你的儿子做得不对，但作为家长，不要急于打骂孩子，应该在好好交流之后，对孩子表达你的理解，在孩子接纳你、信任你之后，你再以柔和坚定的态度和孩子商讨解决之道，从而激励孩子反省自己，帮助他从错误中学习成长。

其实，每一个男孩都希望得到父母的理解，因此，从现在起，每天哪怕是抽出2小时、1小时，甚至是30分钟都好，做男孩的听众和朋友，倾听他们心中的想法，忧其所忧，乐其所乐，当孩子有安全感或信任感时，就会向父母诉说心灵的秘密。这样，你才有可能经常倾听到孩子的心灵之音，你的孩子才会在你的爱中不断健康地成长！

离家出走的男孩心里是怎么想的

曾经有一篇报道，讲述了一个15岁的男孩离家出走的经历。

他的父母在谈到这个问题时说："我们的儿子一直是比较听话的，但是从今年上半年开始，他一下子变了，开始不间断地离家出走。开始时，只是晚上没有回家住，也不通知我们。

第二天，我们不得不追问，此时，他才说头天晚上在朋友家玩得太晚就直接住朋友家了。但这种情况的发生频率却越来越高。有一次，他竟然整整四天没有回家，我们也完全联系不上他。我们找遍了他所有可能去的地方，问遍了他所有要好的朋友，然而，都看不到他的身影。"

每次儿子离家出走，妈妈就彻夜不眠，她生怕孩子在外面出了什么事。有时候，儿子难得回来一次，她又害怕他继续出走。"平常一个电话都能把我们吓得冷汗直出。"只要电话声响起，他们就害怕，怕是孩子出事的消息。

其实，这类离家出走的事例在男孩身上不是个例，而对于这一问题，专家称：孩子有问题，父母难辞其咎。而这也给作为父母的我们带来了不小的困扰。令我们不明白的是，这些男孩到底是怎么想的呢？

其实，男孩在成长的过程中，无论是身体上的成长还是学习上的压力，都会让他们产生想要逃避的念头。

当然，这种压力更多的来自于家庭。家长的目标太高，孩子的考试成绩达不到要求，就给孩子施加压力，孩子就会感到恐惧，希望一走了之。

另外，男孩通过各种信息渠道接受很多信息后，一部分人经受不住诱惑对读书不感兴趣，而热衷于读书以外的东西，像早恋或者迷恋于网吧，进而发展到离家出走"实现理想"。

那么，作为家长又该怎么做呢？

1.关注男孩的成长，尤其是男子的心理变化

父母应经常注意男孩的心理变化和需求，很多孩子的出走往往都是出乎父母意料的。

如果你的孩子犯了错误，要善于引导他，指出问题的严重性，提出解决的办法，使之自觉改正错误。而不应该横加指责，这样，长此以往，男孩就会因为逃避罪责而离家出走。

2.不要过多地干涉男孩，否则只会适得其反

专家建议，家庭教育对男孩影响相当大，男孩的第一任老师是父母，不少男孩离家出走是由于缺乏与父母沟通。因此，父母在平时要加强与男孩的交流，不要强迫男孩去做一些事，给男孩自由成长创造空间。

3.帮助男孩增长见识，使其正视社会诱惑

我们可以让男孩经历一些挫折和磨难教育，让男孩吃一些苦。家里较难的家务，男孩能做得到的，也应让男孩去做。

根据男孩的年龄主动让他们到社会去闯，做错事的时候可能不少，家长要抓住这一机会指点男孩，并继续让男孩去做，错了再指点直到圆满完成。这有利于培养男孩的勇气、自信心、责任感，使男孩健康成长。可以说只要男孩意志坚强，离家出走是不会发生的。

4.真诚接纳归家的孩子

如果男孩离家出走，但又自己回来，那么，家长一定要好好与其沟通，并安慰在外受苦的孩子，让孩子感受到家庭的温暖，把矛盾缓和了，问题也就解决了。而事实上，有些家长却对回来的孩子恶语相向，甚至打骂，让孩子再次选择离家出走。对此，专家建议，"父母的恰当做法是，家长应为孩子提供一个安定、和谐、温馨的家庭氛围，先让孩子一颗纷乱的心安定下来。慢慢地讲清道理，让孩子从'出走'的失误中懂得人生"。

男孩总是心浮气躁，怎么办

周六晚上，吴太太在小区花园散步，遇到了郑女士急急忙忙往外走，其中一位女士问："您这是往哪儿赶啊？"

"去接苗苗啊，他在架子鼓班学架子鼓，大晚上的，我去接一下。"

"怎么是架子鼓？前几天听您说，苗苗在学钢琴啊？"

"唉，您就甭提这茬儿了，这孩子，一天一个花样，今天想学这个，明天想学那个，我都被弄糊涂了。"

"嗯，孩子浮躁，您得帮助孩子克服啊，不要孩子想学什么就是什么，这样没有目的地学，哪里能学得好？"

"你说得对，我原本还以为这是孩子的兴趣所在呢……晚上我去找你，我先去接苗苗了啊……"说完，郑女士就急急忙忙地走了。

很明显，案例中的苗苗今天想学这个，明天想学那个，就是浮躁的表现。"浮躁"指轻浮，做事无恒心，见异思迁，心绪不宁，总想不劳而获，成天无所事事，脾气大，忧虑感强烈。浮躁是一种病态的心理表现，其特点表现有以下几点：

（1）心神不宁。面对周遭的社会，他们茫然失措，恐慌不已，对未来没有信心，也没有方向。

（2）焦躁不安。在情绪上表现出一种急躁心态，急功近利。在与他人的攀比之中，更显出一种焦虑不安的心情。

（3）盲动冒险。由于焦躁不安、缺乏思考，使得行动具有盲目性。行动之前缺乏思考，所以容易一时冲动。

另外，这种特征也容易导致男孩产生病态心理，而这病态心理也是当前违纪犯罪事件增多的一个主观原因。

为了改变男孩的浮躁心理，父母应指导孩子注意以下问题。

1.引导男孩树立长远志向

俗话说："无志者常立志，有志者立长志。"父母要告诉孩子立志不在于多，而在于"恒"的道理。要防止孩子"常立志而事未成"的不好结果的产生。正如赫伯特所说："人不论志气大小，只要尽力而为，矢志不渝，就一定能如愿以偿。"

2.重视男孩的行为习惯

一是要求孩子做事情要先思考，后行动。比如，出门旅行，要先决定目的地与路线；上台演讲，应先准备演讲稿。父母要引导孩子在做事之前，经常问自己一些这样的问题："为什么做？做这个吗？希望什么结果？最好怎样做？"并要具体回答，写在纸上，使目的明确，言行、手段具体化。二是要求男孩做事情要有始有终。不焦躁，不虚浮，踏踏实实做每一件事，一次做不成的事情就一点一点分开做，积少成多，积沙成塔，累积到最后即可达到目标。

3.用榜样教育男孩

身教重于言教。首先，父母要调适自己的心理，改掉浮躁的毛病，为孩子树立勤奋努力，脚踏实地工作的良好形象，以自己的言行去影响孩子。其次，鼓励孩子用榜样，如革命前辈、科学家、发明家、劳动模范、文艺作品中的优秀人物，以及周围的一些同学的生动、形象的优良品质来对照检查自己，督促自己改掉浮躁的毛病，培养自己勤奋不息、坚忍不拔的优良品质。

爱攀比、虚荣心强的男孩该怎么引导

12岁的小波是个聪明的、人见人爱的孩子,但他也是一个十分"奢侈"的孩子,穿的衣服不是耐克就是阿迪达斯,总而言之,从头到脚都是名牌。有些时候父母给他买来不是名牌的衣服,不管多好看,他都一概不穿,还为此哭闹了很多次。

父母对他这点也十分头疼,实在不明白为什么孩子这么小就如此热衷于名牌,而小波的理由就是:"让我穿这些,我怎么出去见人啊?我的同学都穿名牌,我要是没有,人家会笑话我的。我才不要穿,要不我就不去上学。"

不仅如此,小波还"逼"着爸爸给他买手机和高档自行车,原因也是"同学都有"。

其实,小波不是一个特例,这已经成了现在学龄期的男孩们中的一个普遍现象,尤其对于那些家庭经济条件优越的孩子,他们从小就穿名牌衣服、吃优质食品、玩高档玩具,于是,进入学校后,便学会了互相攀比。

可能很多父母都遇到过这样的问题:儿子小小年纪就虚荣心作祟,盲目追求与攀比。虽然虚荣心是一种常见的心态。尤其是对于男孩来说,他们比女孩更爱面子,渴望被关注,但一旦形成虚荣心,对孩子的成长具有很大的妨碍作用,最重要的是，孩子爱虚荣，有碍真正的进步，甚至会形成嫉妒成性、冷酷无情的性格。

有很多父母都这样抱怨过：

"我儿子常常对我提出这样的要求：'我们班同学穿的篮球鞋不是阿迪达斯就是耐克的，就我还穿那种地摊货，太丢人了。我也要买双名牌。'"

"其实，我也知道，现在的孩子有攀比心理，但问题是我们家的经济条件真的不怎么好，我们满足不了他，每次孩子提出要求，我都很为难。请问，有什么方法可以既不伤害孩子的自尊，又能消除他的攀比心理？"

"现在的孩子是怎么了，做父母的不容易啊，为他们提供这么好的学习环境，怎么还要求这要求那的呢？"

的确，很多父母产生了这样的疑问：该怎样正确地引导男孩，让男孩把精力放在学习上呢？

具体说来，你可以从以下几个方面来纠正男孩的虚荣心。

1.父母给男孩做好重精神修养的榜样

你应该从自身做起，不盲目追求名牌，不乱花钱，注重精神修养，给孩子树立一个好榜样。

2.帮助男孩认识真正意义上的美

你可以通过身边的事或者通过说故事、看教育电影等方式，让孩子明白，真正的美来自心灵，而不是外表，从而让他认识到只要有良好的品德就很美。

3.少表扬

当他取得了很好的成绩时,尽量不要当着很多人的面夸奖他,这样容易让他养成虚荣心。

4.高要求

如果孩子很聪明,在做事情上表现得比同龄人优秀,那么,你就要交给他有一定难度的任务,使他感到自己能力不足,认识到自己还需要指导。

5.进行受挫折训练,教男孩学会调节情绪

另外,最重要的一点,在家庭生活中,即使你的儿子是家里的独生子,也不要整天围着孩子转,否则,他会认为自己是家庭的"中心人物",即使你所在的家庭经济条件很好,也不要放纵他的消费欲,而应该帮助他养成有计划、有目的的消费习惯。

男孩总是想学坏,怎么办

曾经有则这样的新闻,某中学有个品学兼优的好学生离家出走了,他并没有什么不良记录,老师们还总把他当成骄傲,同学朋友更是以他为榜样,他还有一个弟弟,当他听到哥哥好几天没回家后，才知道哥哥离家出走了，还带走了家里的一千元钱。

在找寻未果的情况下，他的父母不得不报警，半个月后，警察在邻城的一个网吧找到了他。当父母看到自己的儿子后，完全不敢相信自己的眼睛，以前那个很乖的儿子现在俨然是一个邋遢的社会小混混：一头红色的头发、一身嘻哈风格的衣服、好像很久没有洗澡的样子，警察劝他回家，他却说："我终于解脱了，做坏孩子比做好孩子轻松多了。"听到这些话，他的父母觉得很诧异，这是自己引以为傲的儿子吗？终于，在警察的引导下，他吞吞吐吐地道出了自己的苦楚："无论我考得多么好，无论我怎么努力，你和爸爸总是板着个脸，我每天看书到深夜，你知道我有多么害怕，我害怕我下次考试要是考不好怎么办？我很无助，我甚至想去一个你们永远也找不到的地方，一个没有考试的地方。"

其实，男孩们都想成为同龄人中的佼佼者，成为爸妈、老师的骄傲，可事实上，不是每一个孩子都能做到，于是，他们感到自己被人忽视了，干脆沉沦堕落；也有一些男孩，成绩优秀，但每一次优秀成绩的取得，都经历了心灵的煎熬，正因为他们备受瞩目，所以他们很累，于是，想放纵的想法就在心里蠢蠢欲动，他们更羡慕那些不用考试、不用面对老师和家长严肃面孔的同学，很快，他们尝试着抛开一切，放松学习，放纵自己。

我们还可以发现，在校园里，不少男孩羡慕那些故意和老师作对、欺负低年级的学生的男同学，他们认为，这样的同学更容易得到周围人的尊重和认可，因此，这种行为就会被争相效仿。然而，如果父母不对孩子的行为加以引导和控制，势必会对孩子的成长造成恶劣影响。为此，我们父母要这样引导：

1.男孩做了坏事，绝不能打骂

孩子做了些"坏事"，并不代表孩子就是真的"坏孩子"，更不能给孩子贴标签，但是绝不能放任不管。

为此，我们在确信自己的孩子做了一些"坏事"之后，首先要帮助孩子将事情的影响化到最小。有的家长认为只有"打"才是最好的对策。其实错了，打得厉害、疏远了父母与孩子之间的感情，他会感到更孤独，得不到家庭的温暖，甚至不敢回家，最后走入歧途。

2.细心观察，防患于未然

日常生活中，我们一定要随时观察男孩的思想动向，如孩子的脸上出现了一些瘀伤，情绪不高等，我们一定要引起重视，及时与孩子沟通，了解孩子的内心，让男孩更健康地成长。

3.培养男孩的是非观点，让男孩知道什么是对错

孩子毕竟是孩子，是非观念并不是十分明朗，也很容易受到周围的影响，对此，我们要经常对男孩进行这方面的培养，必须让孩子了解这种行为是家长不允许的，也不容许同样的事情再次发生。

信任男孩，他才愿意敞开心扉

有人说，当父母其实是一连串自我修炼的过程，尤其是要学着与孩子沟通。教育男孩同样也是如此，我们要学着欣赏男孩看似"脱轨"的行为，重视他的意见和情绪则是最基本的，虽然你明明觉得他说的、表达的都有些问题；最重要的是，当你面对男孩时，你还必须时刻自我反省，看看自己是否在父母角色上扮演得恰如其分。在这些修炼中，对他的信任是最基本的，信任是亲子间沟通的基础。

相信你的儿子，就是相信你自己，这是对男孩也是对作为家长的肯定，倘若没有人对男孩的能力表现出最初的信任，认为他值得得到爱、支持和关注，任何男孩都不可能相信自己。

曾有一位家长感慨地说："我无法和儿子交流沟通，我们的距离越来越远，我想我把儿子弄'丢'了。8月中旬，我与即将上三年级的儿子发生了一场激烈的争吵。事发的直接原因是儿子在我下班一进门时提出要去参加学校的朗诵比赛，一等奖的奖品是'背背佳'，我不假思索地一口否决了，'不去，妈妈给你买'。当时，没解释、没商量，也没了解孩子的心理。结果，我话音一落地，他眼泪就刷刷地淌开了。看到他这样，我就更生气了！'你认为你能行吗？'就这样，他一句，我一句，各说各的理，嗓门越说越大，声音起来越高。一气之下，'我不管了，让你爸爸管吧！'说着我一边往外走，儿子也扯着嗓门给我一句：'你不相信我就是不相信你自己！'"

这位男孩的话不无道理，孩子是父母一手教出来的，对孩子能力的否定同样是对自己的能力甚至是对教育能力的否定，只有相信自己的儿子，给他尝试的机会，才能让孩子有历练的机会，他才会成长得更快。

成长是一个美妙但却艰辛的过程，孩子如此，我们家长何尝不是如此呢？跌跌撞撞成长的男孩，要面对很多挫折，要经受很多诱惑，正如这位妈妈一样，家长要想不"丢失"自己的孩子，光靠管束和告诫是行不通的。要了解男孩的思想，就必须和男孩之间建立起互相联系的"精神脐带"——沟通，不断地给男孩输送父母爱的滋养。

家长要信任自己的儿子，就应该明确以下三点内容：

（1）信任和相信他决断事情的能力、完成任务的能力、自己照顾自己的能力，以及当他足够大时负责任的能力。

（2）以他确信的方式向他表明你爱他、喜欢他。

（3）当心以下的想法："我以前没有得到过或不需要他人帮助，他也一样。"他与你是不同的。而且，没有得到他人帮助的人常常将之说成"不需要他人帮助"，以掩饰自己的失望。这就告诉父母，相信孩子，并不是对其放任自流，而应该给孩子足够的爱。

要做到以上这些，父母必须从爱的基点出发，发现、发掘、抓住、肯定男孩的每一个优点和每一点进步；相信他的表现形式和落脚点就在于对他的赞许、鼓励、夸奖、表扬……相信你的儿子，才是真正地爱他，孩子也才会愿意对你敞开心扉！

怎样引导男孩让亲子间沟通畅通无阻

杨女士是某公司的老总，但她很苦恼，因为她的儿子总是和她作对，无奈，她只好求助于心理咨询师，心理咨询师试着与这个孩子沟通，但出乎她的意料，这个孩子很合作。

"为什么总是与妈妈作对？"

他直言不讳地说："因为妈妈总是像教训、指挥员工一样来对待我，我都感觉自己不是她儿子了，所以我总是生活在妈妈的阴影里。"

心理咨询师把这名男孩的原话告诉了他的妈妈，然后把他们母子请到了一起，杨女士十分激动而又真诚地对儿子说："儿子，你和我的员工当然是不同的，妈妈希望你更出色！"

听完这句话后，心理咨询师立即给予纠正："您应该说'儿子，你真棒，在妈妈心里你是最优秀的，我相信你会更出色。'"

杨女士不明白为什么要纠正，心理咨询师说："别看这是大同小异的两段话，其实有着很大的不同，前者是居高临下的指挥，后者是朋友式的赞美和鼓励，我觉得您在教育孩子上，不妨换一种方式，多一些引导，和孩子做朋友，而不是教训孩子！"

杨女士听完，若有所思地点点头。

其实，杨女士的教育方式，在中国很典型，对于男孩，他们多以教训和指挥的口气来教育。一开始，可能你的儿子会反击，但久而久之，发现自己的反击无效后，便保持沉默了，于是，很多父母纳闷，为什么儿子不愿意与自己说话呢？

其实，这是我们的教育方式出了问题，对于叛逆的男孩，我们要做的是引导，而绝不是教训。要尊重孩子，尊重他的人格，尊重他的意见。不可动辄训斥有加，那样只会使他离你越来越远。

1.转变思维，摒弃传统的家长观念

我们要想加深亲子关系，让儿子乐意与自己"合作"，首先要从改变我们自身开始。我们要转换思维，摒弃传统的家庭观念，要不断使自己的思维重心向这几个方面转移：儿子虽然小，但已经是个大人了，他需要尊重；我的儿子是最棒的，他具备很多优点；允许男孩犯错误，并帮助他去改正错误……

2.放下长辈的架子，与男孩平等沟通

有些父母为了维护在男孩心中的地位，刻意与儿子保持距离，从而使男孩时刻都感觉到家庭气氛很紧张。亲子之间存在距离，沟通就很难进行，在没有沟通的家庭里，这种紧张的气氛往往就会衍化成亲子之间的危机。

因此，我们不能太看重自己作为长辈的角色。因为长辈意味着权威和经验，意味着要让别人听自己的。但事实上，在急速变化的多元文化中，这种经验是靠不住的。不把自己当长辈，而是跟男孩一起探索、学习、互通有无，这种做法会让你在与男孩的沟通中变得更加自由和开明。

3.开通沟通渠道，让男孩"有话能说"，自己"有话会说"

与男孩沟通和交流时，我们要坚持一个双向原则，让他"有话能说"。比如，家长和儿子之间谈论问题，无论他说得是否正确，你首先应该给予赞赏，表扬他应给出的意见中的合理性，然后再对其中不足的地方给予指正，这样，孩子才更有胆量和你沟通、更深入地交流。

同时，作为家长，更要"有话会说"，同样的道理，一味地命令和用道理陈述的效果是不同的，很明显，后者的效果会更好。如果能用通俗易懂的话说明一个深刻的道理，用简明扼要的话揭示一个复杂的现象，用热情洋溢的话激发一种向上的精神，孩子自然会潜移默化，受到感染，明白父母的良苦用心。

总之，要想让男孩打开心扉与父母沟通，就要做到真正与男孩平等沟通。你对男孩的理解和尊重，必然有利于问题的真正解决，有利于两代人的沟通！

第 2 章

男孩总是对着干，父母应该怎样做

不少父母感叹，现在的男孩真是越来越难管教了，尤其是长大点后，无论你做什么、说什么，他们都要跟你对着干。的确，男孩不像女孩那样听话，到了叛逆期更是让父母头疼。作为父母，我们一定要理解男孩，千万不要与男孩较劲，而应加以引导，帮助男孩健康快乐地成长。

正确处理男孩的对抗情绪

这天,学校召开了一次家长会,很多男同学的家长纷纷提出,儿子脾气越变越坏,父母的话根本听不进去,甚至还公然和父母对抗。

"儿子上小学时很懂事乖巧,叫他做什么就做什么。但现在跟变了一个人似的,老说我唠叨,多说一句就厌烦我,摔门走开。我为他做了这么多,他还不领情!"

"儿子13岁了,年前还是个很听话的孩子,过完春节就不行了,学习成绩急骤下降,偷着上网吧,作业也不做。我现在处处监督他,可是越管越不听,特逆反,老跟我顶嘴,和我对着干。求他也不是,骂他打他也不是。我真没招了!"

案例中父母的烦恼,或许很多家长都遇到过。我们发现,随着孩子身体的发育,他们到了叛逆期,好像总是故意和自己作对似的,总和自己唱反调。

很多父母感叹:"我让他往东,他就是往西。""我说的话,他就当没听到。"

其实,作为父母,我们自身也应该反思,你理解你的儿子吗?你有真正聆听过他的想法吗?

很多时候，叛逆的男孩并没有太大的事情，他们只是想找个倾诉的人，把内心的烦躁说出来。

那么，作为父母，我们应该如何处理男孩的对抗情绪呢？

1.给彼此五分钟冷静的时间

在孩子成长中，总会遇到这样那样的问题，如果我们一遇到问题，就暴跳如雷，是没办法教育出好孩子的，所以，无论何时，我们都要控制好自己的情绪。

那么，面对让我们生气的事，我们该怎么做呢？

其实，我们可以秉持"五分钟后再继续谈"的原则。面对男孩的事情，给自己留五分钟的冷静时间，冷静下来，你会发现其实没什么大不了。特别是男孩进入青春期后，更需要父母用耳朵、用心去倾听。

2.作出一些让步

让步表明你欣赏男孩的成熟，并且意识到他对更多自由和自主的需求。

这里，父母需要明白以下两点。

（1）可以商榷的。对于那些不影响学习、不涉及男孩的生活质量和生活习惯的，就是可以商榷的，如睡觉时间、发型、衣服的样式，这些可以商榷，并达成协议。

（2）不可以商量、妥协的。不符合以上原则的，也就是不能商榷的，如男孩不做作业、抽烟喝酒等，就绝不能妥协。对此，即使他与你争吵，你也不必因害怕破坏与孩子间的关系而一味妥协让步，而是需要通过规定限度与制订标准来规范孩子的行为。

事实上，即使父母的规矩不多，他们也不会得到青春期孩子的"较高评价"。父母可以通过交流与让步避免强烈的冲突，但是他们必须制订一些标准，这是让男孩学会自律的主要方式之一。

3.契约法

父母与男孩之间的冲突，都是因为在某些问题上没有达成一致，于是，男孩还是继续挑战父母的极限，他高举着"我青春期了，我要……"的大旗：明明规定的是8:30之前回家，但是最近男孩总是频频违规，要么9点回家，要么10点多回家。面对这样的孩子，你会怎样做？

对此，我们可以采用契约法：如果你是一个事必躬亲，甚至连儿子的饮食起居、学习、情感都想掌控的家长，那么，你必须做出一些改变。

其实，"契约教育法"的秘诀就在于：男孩的行为一旦约定俗成，家长就不用三令五申，只要照章考核孩子的行为就行了。它可以帮助男孩自我观察，建立良好行为，父母省去了许多说教，亲子之间的情绪冲突大大减少，男孩也会因此学会自主管理。

转变教育男孩的思路

周一的早上,小林穿着一套运动装准备出门,谁知,他被妈妈叫住:"怎么穿这套,去,把前几天我给你新买的衣服换上。"

"我不想穿,这套舒服。"

"我让你穿什么,你就穿什么。啰唆什么,快去!"

案例中的这位妈妈的沟通方法明显是错误的,实际上,孩子虽然还小,但他们已经有了自己的独立意识,我们可以让他们自己选择。事实上,每个男孩的父母,都应该改变教育思路,不要再把男孩当成你的附属品了,要给他们足够的空间和选择的权利。

具体来说,需要明确以下几点。

1.学会放手

我们每个人都渴望自由,哪怕是成长期的男孩,他们并不是我们的私人物品,我们不可以过分管束,而对于男孩的事,我们也不可大包大揽,这样做,要么会导致男孩越来越娇气,使其最终成为永远长不大的男孩,要么会激化男孩的叛逆情绪。

其实,每个男孩的成长过程就好像拾级而上的楼梯,孩子越长大，走过的楼梯就越多，这一过程，是我们扶着上，还是抱着上？

对此，不同的父母，有不同的做法，很简单，如果我们牵着、搀扶着孩子，就会使男孩产生依赖，常常把父母当成拐棍而难以自立。如果家长抱着儿子上台阶，把儿子揽在襁褓里，那么，孩子就会成为被"抱大的一代"，不经历风雨，不见世面，更难立足于社会。平时，孩子饭来张口，衣来伸手，上学接送，晚上陪读，甚至上大学父母还要跟着做"保姆"。一些男孩甚至在毕业后，还让父母操心工作、操心成家立业，这样的男孩是很难自立成人大有作为的。

而相反，家长让男孩自己去登这人生的台阶，告诉他：加油，要勇敢地向前冲！即使他摔了很多次，但他在摔跤的过程中，积累了不绊倒的经验和教训，也锻炼了他的意志，这对于他的成长是受益无穷的。

2.把他当作成人一样尊重

"男孩是小人，小人也是人。"做父母的应尊重男孩，把他当作家庭中平等的一员来对待，要尊重他在家庭中的地位，任何涉及儿子的事情，应尊重或听取儿子的意见。要尊重他的见解，甚至当你不同意时，也要以商量的口吻表示对孩子的尊重。

另外，作为未成年人，男孩也应该拥有选择的机会。如果你的儿子了解自己的偏好，对自己的偏好充满信心，足以顶住外部的压力，并且能够全面考虑他作出的选择可能给自己及他人带来的后果，他就会做出更加正确的决定。与他一起生活和学习的成年人应该尽可能帮助他培养这些思考和反思的技能。

总之，教育男孩，我们必须改变教育思路，走出教育的误区，不要把男孩当成我们的附属品，而要把他们当成成人一样，尊重他们，给他们足够的空间，与他们平等对话，只有这样，才能抚平他们的叛逆情绪，使其愿意与我们做朋友。

当亲子间发生矛盾后如何灭火

妈妈："儿子，妈妈想跟你谈谈可以吗？"

儿子："什么事？"

妈妈："妈妈知道你最近交了几个朋友，他们对你也很好，但是他们毕竟是社会青年，不像你那么单纯，妈妈不阻止你跟他们来往，但妈妈希望你能多留点心，保护好自己。"

儿子："嗯，谢谢妈妈的提醒，我明白，我会跟他们保持距离的。"

青春期的男孩大多是叛逆的，如果我们不注意与他们沟通的方式，那么，很容易造成亲子间的沟通障碍，甚至产生矛盾。

不少父母发现，男孩到了叛逆期后，好像总是故意和自己作对，总是和自己唱反调。很多父母感叹："我让他往东，他就是往西。"的确，与叛逆期的儿子沟通是很多父母头疼的问题。

青春期男孩的叛逆心理打乱了正常的家庭秩序，也给自己制造了成长中的烦忧，有些男孩甚至因在青春期一味地反抗家长而走向了违法犯罪的道路，因此，在这个过程中，家长的疏导就显得尤为重要。

那么，当亲子间产生意见分歧、有矛盾的时候，我们父母该怎么化解呢？

1.从自身找问题

很多时候，矛盾只是来源于生活中的一些小细节，但因为双方都不控制自己的情绪而引发"战火"，如孩子回家晚了点、儿子的臭袜子丢得到处都是、我们自己在工作中受到了委屈等。

但无论什么矛盾，我们作为长辈，毕竟比孩子成熟，我们先要从自身找问题，是不是我们自身本来就带着坏情绪，是不是本来就对孩子有偏见？

2.对"合理的一面"进行妥协

在亲子间产生矛盾的时候，我们父母不要一味地强调自己正确，事实上，有时候，男孩的想法也并不是不正确，只是角度不同，观点就不同。因此，为了防止矛盾升级，我们可以和男孩进行妥协，如对于晚归这个问题，你可以和儿子"约法三章"：晚上十点之前必须回家；最好结伴回家；晚归要给父母打电话等。父母与男孩各退一步，能有效地缓解沟通中的矛盾。

总之，青春期是男孩人生的关键期，需要家长多些关心，对于亲子沟通中产生的矛盾，需要我们家长保持平静的心态，找到解决的方法，更多地帮助孩子解决实际问题。

改变棍棒式的教育男孩的方式

这天，忙碌中的李先生突然接到了儿子的班主任老师的电话，叫他午休时间来学校一趟。李先生按时去了。

晚上下班回家，儿子已经在家了。

李先生将儿子叫到身边，儿子低着头，嘟囔着："看来今天少不了一顿打"。

"不，我不会打你，你是男子汉了，知道自己在做什么。再说，我为什么要打你呢？"爸爸反问道。

"我在学校打架了呀，你今天还被老师请去了吧。"

"是啊，不过我相信你并不是无缘无故打架的，是吗？"

"是的，我很生气。"

"那你能告诉爸爸为什么和人打架吗？"

"因为我比较瘦弱，他们总是在背地里取笑我，叫我弱鸡。今天，王刚居然当面这么说，我就让他道歉，可是，王刚根本不道歉，反倒说得更厉害了，我一气之下就和他打了起来。"儿子解释道。

"以后别的同学那些闲言闲语你不要听，努力学习，你自身强大了，又何必在乎外形是否强壮呢？"

"我知道了，爸爸，谢谢你的安慰和理解。"

案例中，李先生是个懂得和儿子沟通的好爸爸。儿子犯了错，他并没有选择粗暴的责问、无情的惩罚，而是选择了倾听。倾听之中，表达了对儿子的理解，让儿子感受到了爱、宽容、耐心和激励。试想，如果他在被老师请去学校以后就大发雷霆，不问青红皂白地将孩子打骂一顿，结果会是怎样呢？结果可能使父子之间的距离越来越远，男孩的叛逆行为也可能越来越明显。

但现实生活中，这样的家长又有多少呢？随着现代社会生活步伐的提速、竞争压力的加大，作为家长，为了能给男孩一个优越的生活环境，常常由于工作忙碌，而忽视了与男孩多沟通，陪孩子一起成长。而当儿子稍微出现一些"异常"行为，他们就会采取训斥、打骂的方式，希望儿子能好好接受自己的管教，而情况常常事与愿违。

那么，具体来说，我们该如何改变棍棒式的教育男孩的方式呢？

1.凡事只说一次

生活中，一些男孩说："每次，我都想跟爸妈谈谈心，可是他们太啰唆了，只要我做错点什么，他们就不断地数落我，其实，我已经知道错了，但他们的口吻真让我受不了。"很多父母没有意识到的是，你的儿子已经是个大孩子了，他们已经有了独立的自我意识，也学会了如何审视自己的行为，凡事只说一次就好，这也是尊重男孩的表现，只有让男孩子感受到家长对自己的尊重，他才能更加信任家长，达到和家长以心换心、以长为友的程度。

2.来软的，避免正面冲突

可能你的儿子做得不对，但作为家长，不要急于批评他，应该在倾听之后，对他表达你的理解，在儿子接纳你、信任你之后，你再以柔和坚定的态度和他商讨解决之道，从而激励他反省自己，帮助他从错误中学习成长。

3.把焦点放在"解决"上

作为家长，很多时候，会认为孩子的想法是不对的，甚至是不符合常规的，抱着这样的心态，我们很容易以先入为主的心态教育男孩。实际上，我们必须要明白一点，出现了问题，最重要的是解决问题，而不是批评他，我们应该做的是，等男孩把话说完，再提出解决的办法，这才会让孩子感受到尊重。

当男孩和你的关系开始疏远怎么办

石头与阿明是很好的朋友，从小一起长大，又进了同一所初中，但石头与阿明的性格不太一样，石头性格内向，不怎么喜欢交际，但什么都跟阿明说。上了初中以后，石头与阿明走得更近了。

最近一段时间，石头妈妈发现儿子变得很奇怪，除了吃饭时间，他几乎不出自己的房门。不仅如此，他对妈妈的态度十分冷淡，有时候，妈妈跟他说上半天话，他才会勉强答一句。

周末，阿明来找石头玩，趁着儿子下楼买水果的空当，石头妈妈悄悄问阿明："阿明，石头这几天是怎么了，对我好像有很大意见呀。你们是好朋友，他一定告诉你了。"

"阿姨，石头是告诉我了，可是我不知道该不该告诉你。"阿明有点为难地说。

"只有你告诉我了，我才知道问题出在哪里，才能使石头摆脱烦恼呀，你愿意帮助你的好朋友吗？"

"是这样的，阿姨，我们已经都长大了，也有自己的隐私了，也懂得自理了，尤其是内衣，他希望可以自己洗，他曾暗示过你好多次，但你好像都没有明白他的意思。"

石头妈妈这才恍然大悟，怪不得上次发现儿子把内衣放在被子里，原来是要自己洗。这下，她知道如何调节与儿子之间的矛盾了。

这种情况可能很多家长都遇到过，聪明的家长，当自己和儿子无法沟通时，会懂得从儿子身边的人"下手"，找到和儿子之间的症结所在，案例中的石头妈妈就是个聪明的家长，当她发现儿子有心事而拒绝与自己沟通时，她选择了向儿子的好朋友阿明求助，这不失为一个沟通的良方。

不少父母发现，儿子长大以后，就变得不再与父母交流。这些男孩宁愿把"心事"讲给陌生人听，也不愿意告诉家长。那么，面对男孩不愿意与父母沟通的情况，我们该怎么办呢？

1.与男孩的好朋友保持沟通

国外心理学家通过一项对2万多名孩子的研究发现：孩子在12岁以前很愿意与父母交谈他们的想法，但之后却有明显的变化，尽管父母对孩子的态度一如既往，但孩子有了问题和想法，他们更多的会与朋友交谈。因此，与孩子的好朋友保持沟通，是一个家长可以掌握男孩心理变化的巧妙方法。

同龄的孩子之间往往有更多的语言，他们面临的是同样的学习环境，成长中共同的烦恼，因而他们都愿意与朋友或者同学倾诉自己的心事，因为他们会得到理解。因而，青春期的男孩一般都会很注重友谊，不愿意把朋友托付给自己的秘密透露给他人，可见，父母要想和孩子的朋友沟通、了解孩子的内心，是需要下一番"功夫"的。

2.与男孩的老师保持联系

男孩在学校的学习情况和生活如何,老师都看在眼里,我们父母都要参加工作,不可能随时随地掌握男孩的"行踪",因此,我们有必要经常与老师保持联系。不过,与老师联系,并不是要家长去监视孩子,这是不尊重男孩的表现。对此,父母最好不要让男孩知道,因为男孩并不能理解父母的良苦用心,甚至会激怒他,亲子之间的关系会更恶化,此时,你的好心可能就办了坏事。

聪明妈妈,不要拿他与别人做比较

这天,在某小区门口,十四岁的强强和王飞打起了架,路人叫来了他们的父母。问到原因,强强说:"我妈总说王飞好,每次考试完,她都说,你怎么不学学人家王飞,人家能拿第一,你怎么就不行?要是我做错了什么,她就说,你怎么这么没出息,你看人家王飞多听话……如果王飞那么好,为什么她不去认王飞做自己的儿子?"

旁边的强强妈很吃惊,原来自己平时无意中说的几句话对孩子的伤害这么大,于是,她对强强说:"乖儿子,妈妈错了,妈妈之所以那么说,是希望你能向王飞学习,做个听话、爱学习的孩子，妈妈没想到这些话那么伤害你，希望你能原谅我好吗？"听到妈妈这么说，强强流着泪抱住了妈妈。

生活中的很多父母，可能都有这样一个习惯，喜欢拿自己的儿子与他人做比较，总觉得自己的儿子没有别人家的优秀，不知不觉地会用其他孩子的优点来比自己孩子的缺点，嫌自己的孩子不够优秀，可能这些都是父母们无心的话，但说得多了，难免会留在男孩的心里，对他们造成伤害。

其实，任何做父母的都爱自己的孩子，拿自己的儿子和别人家的孩子对比，也是出于善意，希望他们能向优秀的孩子学习，超越别人，为父母争光争气。但是，有时候善心也会做坏事，爱孩子，就不要拿自己的孩子与他人做比较。任何一个男孩，都会反感父母将自己和其他人进行比较。

1.看到男孩的优点，并赞扬他

父母对男孩的期望、态度一样会影响到他。如果你认为你的儿子是优秀的，那么，他就会按照你的期望去做，甚至会全力以赴让自己变得优秀；而反过来，如果你总是挑他的缺点、毛病，那么，他们就会产生一种错觉：我不是好孩子，爸爸妈妈不喜欢我，我好不了了。因此，家长积极的期望和心理暗示对男孩很重要。

2.即使批评也要顾及男孩的面子

男孩比女孩更爱面子，作为家长，我们不但不能拿男孩和其他人对比,更应该时刻注意保护好他们的面子,不要在众人面前说他们的缺点,不要在众人面前批评他们。因为男孩的每一个行为都是有原因的。这是由他的心理生理年龄特点所决定的。也许这些原因在成人看来是微不足道的,但在男孩的眼里是很严重的事情,不了解原因当众批评他,非但不能解决问题,反而会使问题变得更糟,使男孩产生逆反抵触情绪,导致对男孩的教育很难继续下去。

3.根据男孩的特点进行教育

任何妈妈都不要拿自己的儿子和其他孩子对比,而应根据自己孩子的特点进行教育。例如,你的儿子脑子迟钝一些,教育儿子笨鸟先飞,多花些力气。男孩有了进步就应该鼓励。只要男孩付出了努力,已经尽其所能,父母就不要提出过高的要求。

总之,聪明的妈妈要明白,任何人都渴望被赏识和赞扬,我们的儿子也是,为此,无论何时,我们要看到他们的优点,并给予他们鼓励,相信你的儿子会变得优秀。

妈妈唠叨,只会让男孩更加疏远你

下面是很多家庭中可能发生过的一幕对话:

妈妈说:"天冷了,穿上毛裤吧。"

儿子说:"用不着,我不冷。"

妈妈说:"天气预报我刚听过,还能有错吗?"

儿子说:"我都这么大了,连冷热都不知道吗?"

妈妈说:"你怎么越大越不听话,还不如小的时候呢?"

儿子说:"你以为我傻呀,真是的。以后少管我。"

案例中的场景,可能在很多家庭都出现过。如果你的儿子正值十几岁,你是否发现,最近这一两年的时间,儿子好像很厌倦妈妈的唠叨。那么,对于这种情况,我们作为父母,该如何处理呢?

1.爸爸做好"和事佬"

爸爸要告诉男孩:"在家庭角色中,一个很难扮演的角色,就是妈妈,一个女人从步入家庭开始,就逐渐成为一个妻子,然后成为一个母亲,每个妈妈都会把自己的角色当成一生的事业来经营,其中要面对柴米油盐的琐碎,要照顾孩子的生活起居,要承担孩子成长的欢乐忧愁……为了家庭和孩子,她操碎了心,但很多时候,却换来你的不理解。

你已经是一个男子汉了,生活中你自己的事,一定要自己处理,要学会自理。另外,妈妈毕竟是一个女人,你要像一个真正的男子汉一样保护她。闲暇时间,帮妈妈做一些家务吧,尤其是体力活,这会让她感受到儿子真的长大了,一定会从心里感到安慰。"

爸爸告诉男孩这些，能让男孩感受到妈妈的艰辛，也就能从心底真的理解妈妈的唠叨。

2.妈妈向孩子说说心里话

大部分情况下，很多妈妈和男孩对话，都是单向性的，而这个阶段的男孩最厌烦的就是妈妈的唠叨。作为妈妈，如果你能在闲暇时间坐下来和儿子好好聊聊，让男孩理解你，那么，母子之间的矛盾是能消除的。你要告诉男孩："要想真正理解妈妈，就不要做问题男孩，不要让妈妈担心。你能想象，你和小伙伴在网吧彻夜不归的日子，我是多么担心；你和社会青年在一起混日子的时候，我有多么害怕你会走错路；你和同学打架受伤的时候，我比你还疼……

的确，你固然会遇到一些成长上的问题，但妈妈可以是你倾诉的对象，可以是你的知心朋友，妈妈是过来人，会帮助你解决这些问题。无论如何，亲爱的儿子，你要理解妈妈，对于妈妈的唠叨，也别再唱反调了。"

总之，无论是儿子还是妈妈，当你们心中都有一股无名火时，在彼此都需要发泄时，难免会造成母子之间的矛盾，面对这一问题，作为家长的我们，一定要寻找方法及时灭火，以防止家庭矛盾的扩大化。

第3章

男孩改不掉坏习惯，父母应该怎样做

在生活中，我们经常听到有些家长抱怨自己的儿子习惯太差：上课时不时做小动作，一回到家就看电视；课外作业马虎了事，甚至时常打折扣；喜欢吃零食，乱花零花钱……说到底，成长期的男孩的习惯需要我们去引导。父母逐渐引导男孩学会自制，很多坏习惯自然也就改过来了。

让诚实守信代替男孩的撒谎成"性"

小东一直是个乖巧的孩子,可是,最近他居然挨了爸爸的一次打,这是怎么一回事呢?

那天下午,他的父母在观看画展时,巧遇小东的班主任江老师,和他谈起小东的学习,自然涉及刚刚考完的期中考试。江老师说:"小东这次成绩不太理想,只考了第九名。"小东爸爸说:"听小东说,好像是第三名,从成绩上推算也应是第三名。"江老师肯定地说是第九名。

看完画展回家,父母问小东这是怎么回事,小东觉得纸包不住火,便把实情告诉了他父母。

原来,在上个学期小东成绩一直是班内第一。升入初二后由于学习松懈,参加活动过多,成绩有些下滑,期中考试仅名列班内第九。可能是由于虚荣心太强,或者怕爸爸妈妈责怪,于是涂改了物理、地理、生物三科成绩,使总分名列班内第三。小东的爸爸当时由于过于愤怒,狠狠地打了小东,对他说:"不管考第几名,爸爸妈妈都不会责怪你,关键是你不诚实,用假成绩哄骗家长,实际上也是自欺欺人,这样你将来怎么能有所成就?"

可能涂改成绩对于一个男孩来说，并不算什么大事，但对于成长期的男孩来说，却涉及他们人格塑造得是否完善。

那么，作为父母，我们该怎样教育初中阶段的孩子诚实守信呢？

1.父母要以身作则，不要撒谎

有这样一个笑话：一位爸爸教育孩子："孩子，千万别撒谎，撒谎最可耻。""好的，爸爸。我一定听您的。""哎哟，有人敲门，快说爸爸不在家。"试想，这样教育孩子，孩子能诚实吗？

美国著名心理学家大卫·艾尔金德认为：要想让孩子有教养，守道德，父母首先必须是品德高尚的人。

2.父母要及时地肯定和鼓励男孩诚信的表现

人人都渴望被肯定，孩子也是这样。为了满足这种需要，他们在与他人交往的时候，一般都会勇于自我表现，善于自我表现，成人们在这方面应该创造条件，给予他们积极的诱导。当孩子有了诚信表现之后，父母及时给予肯定，强化诚信的行为效果，不断加深诚信在孩子头脑的印象。日久天长，诚信习惯自然而然就会形成了。

3.掌握批评的艺术，及时纠正男孩不诚实的行为

男孩说谎，家长往往非常生气，但在批评孩子的时候，是要讲究方法的，这才会行之有效。首先，不要损伤男孩的自尊

心。家长要先弄清楚孩子不讲诚信的深层次原因，千万不可盲目地批评。其次，要及时对他进行单独的批评，以便抑制不诚信行为的继续发生。最后，要让男孩子心服口服。不要用粗暴的方式来对待他，这无异于把他们推向不诚信的深渊，下次就会编出更大的谎言来骗你。

4.和孩子建立真诚和相互信任的关系

你要求男孩说话算数，你对孩子首先要说话算数。如果确实无法实现对孩子的承诺，一定要向孩子解释原因。这样在孩子心里才能对诚信的重要性有一个深刻的印象和理解，也才会信任家长，有什么事、有什么想法都愿意告诉家长。

如何帮助男孩克服自私心理

为什么孩子们一个个这么极端自私、冷酷无情？完全是被家长娇纵坏的！问题源于极度关爱、过分溺爱和无限纵容。这已经成为当今一些家庭的通病。有的父母娇惯孩子已经到了违背人伦常理的地步。

我们发现，在我们生活的周围，确实有不少自私的男孩，他们只知有自己，不知有别人。他们认为自己的欲望都应该得到满足，无须感恩和回报；如果不给予满足，是你们当家长的错；至于别人，包括最亲近的父母、老师的需要，与他无关，他无须考虑。这些自私的男孩正面临着心灵的荒漠，人格的缺陷，甚至导致他人生的失败：他们因得不到某种满足或者对别人的一点点过失常常耿介于怀，因此往往痛苦多于欢乐，怨恨多于感动；还可能因为极端的自私和狭隘，而演变成为危害社会、危害他人的成分。

亡羊补牢，为时不晚，男孩还处在人格的塑造期。那么，家长具体应该怎样解决男孩的自私心理呢？

1.自己为孩子树立榜样

爸爸妈妈要做与人分享的模范，经常主动地关心、帮助他人，如帮助孤寡老人、给灾区人民捐衣送物等。

2.不要溺爱孩子

孩子吃独食，不愿与他人分享，是与爸爸妈妈的溺爱密切相关的。很多爸爸妈妈出于对孩子的爱，把好吃的、好玩的全让给孩子，孩子偶尔想和爸爸妈妈分享，爸爸妈妈在感动之余却常说："我们不吃，你自己吃吧。"长此下去就强化了孩子的独享意识，他们理所当然地把好吃的、好玩的据为己有。

3.不能让孩子搞特殊化

在家庭生活中要形成一定的"公平"环境，这无疑对防止男孩滋长独享意识有积极的意义。爸爸妈妈还要教育孩子既要看到自己也要想到别人，知道自己与其他成员是平等的关系，自己有愿望，别人也一样有愿望，好东西应该大家分享，不能只顾自己不顾别人。

4.给孩子分享的实践机会

经常让男孩与小朋友开展生动有趣的活动。孩子与小朋友们共同活动，共同分享活动的快乐。另外，应经常创造孩子为爸爸妈妈服务的机会。

自古以来，无数事实说明：娇纵败子，不少人人生失败的原因，不在于别人，全是因为有娇惯溺爱他的父母，因此，父母应该让男孩经历生活的磨炼，懂得感恩，懂得爱别人，让孩子拥有健全的人格，这是教育孩子的根本！

不要让男孩养成粗心马虎的习惯

马虎粗心是人类性格中的一个缺点。无论是成人还是孩子，因为粗心马虎而造成不良后果的事件很多。男孩在未来社会，要承担更多的责任，而粗心马虎就是缺乏责任心的表现，男孩要穷养，就是要培养男孩的责任心，训练其缜密的思维，注意细节问题，才能在未来社会的竞争中立于不败之地。

引起粗心马虎的原因，多与家长的教育有关系，如果在儿童幼年时期没有对他们进行过系统的训练；或是常让孩子一心二用,边看电视边写作业;或是让孩子在一个嘈杂混乱的环境里学习,都有可能养成儿童粗心马虎的毛病。而最重要的原因是,父母责任心教育的缺失,现在的孩子多数是独生子女,凡事父母包办得太多、关照得太多、提醒得太多,从而导致孩子责任心的减弱。

那么,怎样避免男孩养成粗心马虎的习惯呢?

1.从培养男孩的责任心做起

男孩的粗心马虎,最根本原因是缺乏责任心。一个有很强责任心的人,做任何事情都不可能马虎、不可能粗心。所以要纠正男孩粗心马虎的习惯,必须从责任心的培养做起。因为有了责任心,他自然能够小心谨慎地对待每一件事情,避免粗心马虎。

家长们应少一些包办、少一些关照、少一些提醒,让孩子自己处理自己的事情;让孩子多承担一些家务劳动,多做一些力所能及的事情,以培养孩子的责任心。有时候家长要狠得下心来,让孩子吃苦头、受惩罚。

2.从培养男孩好的生活习惯做起

培养男孩良好的生活习惯,能减少男孩的粗心马虎。

常用的方法是:让男孩整理自己的衣橱、抽屉和房间,培养孩子仔细、有条理的习惯;让男孩安排自己的课余时间和复习进度表,培养他有计划、有顺序的习惯;通过改变男孩的行为习惯来改变他的个性。天长日久,男孩的粗心马虎就会渐渐减少。

3.培养男孩集中精力学习的好习惯

有的家长，不管男孩是不是正在学习，都把电视机开着，或者自己打牌、搓麻将，这些做法都会造成对孩子的干扰，使他不能集中精力去学习，久而久之，便养成了一心二用的坏习惯；有的孩子放学回家以后，总是先打开电视，然后边看边写作业，或者耳朵上戴着耳机，一边摇头晃脑地唱着歌，一边做习题。试想，这样怎么能聚精会神呢？

4.引起男孩对考试的重视

虽然家长和老师不应过分看重分数，不应给孩子增加太多的考试压力，但这并不意味着让孩子轻视考试，对考试漫不经心，考试毕竟是检验孩子学习状况的一种手段，应该让孩子重视起来。

5.培养男孩认真的习惯

有些男孩马虎，是和性格分不开的，一般来说，粗心马虎的孩子开朗、心宽、不计较。这是他们性格中的优点，应该加以肯定、保护，但性格外向的孩子更易患马虎大意的毛病。所以，更需要家长在性格上多加培养，引导他们遇事要认真、谨慎。

认真是任何人要做好一件事情的前提，如果对什么事情都敷衍了事，草草出兵，草草收兵，必然做不好。然而认真、不马虎是一种习惯，要孩子克服马虎的毛病，需要家长的指导和帮助。光靠说教不行，要靠平日里的习惯培养，久而久之，男孩也就有了自我控制的能力，把认真当成一种习惯。

别让懒散成为男孩成长的绊脚石

在生活中,不少家长抱怨,现在的男孩真懒散,的确,懒惰是孩子学习乃至生活中的天敌。懒散会导致孩子抗压力能力差的性格缺陷,给以后的学习和生活带来很多困难,懒惰的孩子喜欢成天闲荡,听课精神不振,不做作业也不温习功课。那么,作为父母,怎样帮男孩改变懒散行为呢?

1.帮助男孩合理安排时间

懒惰常常与生活散漫分不开。养成有规律的生活节奏是矫治懒惰习性的第一步。日常生活井然有序的人,做事就不会拖拖拉拉、疲疲沓沓。

2.学习上,激发男孩的学习兴趣

兴趣是勤奋的动力,一个人对某项事物产生了兴趣,便会积极主动地投入,消除怠惰。有位同学原来对课本学习不感兴趣,上课随便讲话,做小动作。班主任老师在一次家访中,发现了他爱饲养小动物。于是老师有意让他参加生物兴趣小组,并委托他饲养生物实验室的金鱼。由于他的兴趣得到了合理引导,使他不仅在课外活动中主动积极,而且在生物课上表现得十分认真。

3.让男孩独立解决问题

依赖与懒惰总是狼狈为奸,我们要想让孩子戒除惰性,就得让孩子学会自己动手做事，我们不要当孩子的全职保姆，尤其是对于那些依赖性强的孩子，你为他做好所有事，只是害了他，让他自己面对生活必需的事情。比如，独立地解一道数学题，独立准备一段演讲词，独立地与别人打交道等。

4.培养男孩的自理能力

自理能力对孩子自我意识和独立人格的形成有重要影响。不少孩子对家长有很大的依赖性。那么，如何让孩子克服这种依赖性呢？

（1）家长要根据不同的年龄阶段，教会孩子生活的本领。要正确对待孩子学习中表现出来的"笨拙"，对孩子的失败要有足够的耐心和宽容。

（2）凡是孩子力所能及的都尽可能让孩子自己去做，孩子应该自己管好自己的东西。家长要教给孩子一些应付意外的办法，如迷路时应向何人求援等。

（3）孩子面临不知如何处理的事情时，不要立即帮助他，应从旁观察出现困难的地方，然后鼓励他、提示他，从旁协助他自己解决，从而树立他的自信心。

5.不回避挫折

生活是最好的老师，逆境中学到的东西往往比顺境时多，您帮孩子回避挫折，就让孩子失去了学习的机会，他将来要花更大的代价去补习。

6.培养男孩勤奋作风

学习懒惰是一种不良的行为习惯,也反映了一个人对生活、对学习的一种态度和观念。所以,要帮助男孩认识到勤奋是人不可缺少的美德。勤奋的人比懒惰的人有更多的人生乐趣。

7.做男孩的坚强后盾

鼓励男孩学会处理自己的事情,当遇到挫折时,告诉他"无论发生什么事,我都会在你身边"。比如:

(1)多用三个字的好话:好可爱!好极了!好主意!好多了!真好呀!做得好!非常好!恭喜你!了不起!很不错!太棒了!

(2)多用四个字的好话:太奇妙了!真是杰作!那就对了!多美妙啊!我好爱你!继续保持!你很能干!做得漂亮!

(3)多用五个字的好话:做得好极了!继续试试看!真令人惊讶!真令人感激!真的谢谢你!你办得到的!你帮得很对!你真的很可爱!你走对路了!

好男孩拒绝脏话不说粗口

生活中,一些父母烦恼,男孩满口脏话、言语粗俗怎么办?其实,男孩并不懂"脏话"的意义,出于好奇,就模仿着大人说，对于孩子说脏话，比较科学的做法有以下几点。

1.分析脏话的内容，告诉孩子，说脏话是不对的

父母在听到自己的孩子说脏话时，不要显得惊慌失措，也不要气急败坏地责骂，更不能置之不理，要冷静，蹲下来，严肃而不凶悍，以和缓的语气和孩子说话。例如：

"孩子，你刚才说的那句话，用的词语很不好，你知道我说的是哪个词语吗？"

"这是大人说的，你是孩子，不能说这个词语，知道吗？"

"为什么不能说呢？因为你是孩子，你说了，别人会说你不懂说话，说你学习不好，看不起你！"

家长最难做到的就是"不生气"。你生气，孩子就听不进你说的话了。而另外一些家长则喜欢和孩子说大道理，让孩子不耐烦，反而失去教育的功效。

2.以身作则，杜绝孩子学习脏话的来源

家长也应该拒绝脏话，这样，在家里建立互相监督的制度，如果父母不小心在孩子面前说了不文明的词句，一定要向孩子承认错误，以加深他不能说脏话的印象。

3.用故事来帮助孩子改正错误

孩子有时说脏话，说的时候兴高采烈，好像是件有趣的事。如果仅仅是打骂教育不但不管用，而且越说越起劲，这种

管教方法会强化他的错误。孩子们爱听故事，精心挑选几个有趣的故事，从正反两面告诉他说脏话为什么不好。由于故事的主人公都是他熟悉、喜欢的，他乐意接受，说脏话的毛病不知不觉就改了。

4.孩子说脏话，千万别强化

其实孩子并不一定知道脏话的含义，主要是为了得到父母对他的反应或注意。孩子从小伙伴那儿学了几句骂人的话，在家里和学校一边说，一边开心地大笑，这时，我们心里挺恼火，但也强忍着不显示出任何兴趣。我想只有这样，他才会觉得索然无味。久而久之，那些不好听的字眼或脏话就会逐渐被忘掉而消失。当然，也可以寻找比较恰当的时机，告诉孩子，说脏话很难听，只有坏人和不学好的人才讲脏话。在日常生活中，孩子有时能用自己的语言来赞赏或描述他喜欢的人和事，这时，我们一定及时鼓励表扬，让他感觉到美的语言是令人愉快的。

5.训练孩子使用"幽默"的词汇来代替"脏话"以表达自己的情绪。

例如："×××，你说话像放屁，昨天说今天还我钱，怎么不还？"

告诉孩子可以这么说："你昨天说今天还我钱——昨天是四月一号吗？"

如果对方知道四月一号是愚人节，立刻就明白男孩的意思了。

当然，孩子还小，"幽默"需要较高的语言水平，但也不妨试一试，让孩子有个努力的目标，就不会再去说脏话了。

总之，家长要想让男孩拥有良好的品质和素质，就要用正面的方法杜绝孩子养成说脏话的习惯，家长也要注意自己的言行，千万不要在教孩子不说脏话的同时，自己却脏话连篇，甚至用脏话来制止孩子说脏话，也不能放任自流，以教育和引导为主，让孩子明白，好男孩拒绝脏话不暴粗口。

不要让男孩事事依赖"钱"

我们知道，李嘉诚是香港巨富，但他非常注重培养孩子独立生活的能力，他希望孩子依靠自己的努力来学习今后立足于社会的本领，而不能依靠父母和金钱来生活。

李嘉诚在他的两个儿子李泽钜和李泽楷只有八九岁时，就让他们参加董事会，一方面让孩子们列席旁听；另一方面让他们就某些问题来发表自己的见解。通过参加董事会，两个孩子不但学会了父亲以诚信取胜的生意经，他们分析问题和解决问题的能力也得到了提高。更重要的是，这段生活为他们今后在事业上的成功奠定了坚实的基础。

后来，两个孩子都以优异的成绩考上了美国斯坦福大学。毕业后，他们向父亲表示想要在他的公司里任职，干一番事业。李嘉诚断然拒绝了他们的请求，他对兄弟俩说："我的公司不需要你们！还是你们自己去打江山，让实践证明你们是否合格到我公司来任职吧。"于是，这两个孩子去了加拿大，一个搞地产开发，一个去了投资银行。他们凭着从小养成的坚忍不拔的毅力克服了难以想象的困难，把公司和银行办得有声有色，成了加拿大商界出类拔萃的人物。

李嘉诚教育孩子的方法无疑是正确的，父母作为男孩成长的坚实后盾，永远在儿子的身后给予他最多的支持与信任，越早放手的孩子越是父母对他们最大的爱，相反，给予孩子最大的物质享受，把对孩子的爱全部化为金钱的形式，什么都为孩子承担的父母是不负责任的，当很多问题本来可以动用脑筋和双手解决的时候，他们会习惯用金钱的方式来解决。他们在不经意间剥夺了孩子独立成长的权利，当孩子有一天必须要独自面对生活的时候，这种爱就成了影响他们独立的杀手。

为了避免让孩子形成事事依赖金钱，教育专家建议作为父母，应该从以下两方面进行努力。

1.父母要让孩子树立一种正确的金钱观

有很多东西都是金钱买不来的。比如，爱、时间等许多东西。"一寸光阴一寸金，寸金难买寸光阴"，金钱能买到钟表，但却买不到时间；金钱能买到书本，但却买不到知识；金钱能买到朋友，但买不到友情……

对于每个男孩来说，无论是成长还是成熟，都需要自立自强，需要承担更多的责任，需要面对更大的困难，需要不懈的自我奋斗，可以说，成功男人的成长和成熟是一个不断挑战自我、艰苦奋斗的过程。

2.养成艰苦奋斗的作风

我们常说"大富由天，小富从俭""聚沙成塔""滴水穿石"，都说明了节俭在生活中的重要性，真正聚集生活的财富，除了要"开源"，还要"节流"，别忽略了"当用不省"的道理，否则就成了"守财奴""铁公鸡"，既委屈自己又影响了生活质量，甚至失去了助人行善的机会。父母要教育孩子把金钱用在刀刃上，比如，可以带孩子经常参加一些社会公益活动，让他认识到金钱的真正价值。

总之，随着现代社会消费水平的变化，家长要引导男孩形成一种正确的金钱观，而不是让生活水平的提高成为孩子奢侈的开始，更不能让他的价值观扭曲，从而形成一味追求金钱、享乐、挥霍无度的腐败风气，正确地认识金钱，不忘艰苦奋斗的美德，才能有朝一日，放开男孩的手，让他独自面对！

第4章

男孩人际关系差，父母应该怎样做

任何一个成长中的男孩，都要经历三种类型的人际关系：同伴关系、师生关系、亲子关系。生活中，当男孩在学习、生活中遇到挫折而感到愤闷抑郁时，向知心挚友一席倾诉，就可以得到心理疏导，身心也就更健康，学习更有劲。而孤僻、不合群的男孩，往往有更多的烦恼和忧愁，甚至影响正常的学习和生活。因此，作为父母，我们要明白的是，要从正面引导，帮助男孩提高人际关系能力，帮助男孩真正学会如何交友，如何交益友！

教男孩学会礼让,获得好感

不少家长反映,在学校,男孩之间因不会谦让或不肯谦让而发生的矛盾十分常见,也有些家长并不把这些小事放在眼里,反而为自己的孩子抢到玩具而高兴,认为自己的孩子"聪明伶俐"。然而,我们都忽略了不肯谦让所带来的一些负面影响,孩子之间的不谦让,会影响他们的人际关系。其实谦让是一种美德,人与人之间交往时的谦让和礼让也是社会文明的体现。

那么,家长到底应该怎样让男孩学会谦让呢?

1.给男孩营造一个相互谦让的环境

幼儿时期的男孩的个性正处于萌芽阶段,他们对事物的看法往往出自大人的说教或老师的命令。作为家长,我们应努力营造一个和谐、有爱、团结、互助的氛围。夫妻之间的谦让、与邻里之间的谦让,在这样一个良好的氛围中培养孩子谦让和宽容的美德至关重要。要让孩子学会谦让别人,让孩子从小在谦让、礼让的生活环境中成长。

2.家长要有意识地为男孩设置争抢的情境,让男孩慢慢地学会谦让

比如,让男孩讲道理,平时在家,父母可以和男孩争一下

东西，培养他"并不是所有的东西都是自己的"意识，这样他就会慢慢知道了"谦让"，接下去他就会多一分情愿，会让着别人，不管是让大孩子还是让小孩子。

3.对于不懂得谦让的男孩，家长要讲清道理，也应及时批评

家长绝不能采用暴力解决，这更会加重孩子的负面情绪，男孩会执拗地认为是家长的错，更不会理解家长的真正用意。正面引导，耐心说服教育，要教给孩子如何谦让、友好相处、共同分享的方法，让孩子尝试体验团结友好、谦让和谐、共同分享的快乐。在与同伴相处中，要让孩子明白，分享并不是失去，而是一种互利，是双赢。

比如，可以采取措施如暂时先不让孩子参加游戏，使他意识到自己的行为是错误的，同时要告诉孩子处理矛盾的方法：只有大家互相谦让，游戏才能顺利进行，有了问题大家可以用"石头、剪刀、布"的方法来解决矛盾，然后才能心平气和地继续游戏。

4.让男孩知道"谦让是一种美德"，从而激发孩子的光荣意识

比如，可以给孩子讲"孔融让梨"的故事：

孔融小时候聪明好学，才思敏捷，巧言妙答，大家都夸他

是神童。4岁时,他已能背诵许多诗赋,并且懂得礼让,父母非常喜爱他。

一日,父亲的朋友带了一盘梨子,父亲叫孔融他们七兄弟从最小的小弟开始自己挑,小弟首先挑走了一个最大的,而轮到孔融时,他却拣了一个最小的梨子。父亲问:你为什么挑最小的啊?孔融说:"我年纪小,应该吃小的梨,剩下的大梨就给哥哥们吧。"父亲听后十分惊喜,又问:"那弟弟也比你小啊?"孔融说:"我比弟弟大,应该把大的梨子留给弟弟吃。"

当然,家长在日常生活中还要言传身教,一定要坚持正面引导,从小培养男孩谦让、友爱的精神,孩子在潜移默化中就会懂得"让"是一种好习惯。这样,就可以避免男孩会有过分的竞争意识,让孩子拥有谦让这一美德!

告诉男孩尊重别人就是尊重自己

现代社会,不少父母已经认识到溺爱男孩的危害,认识到让孩子饭来张口、衣来伸手,时时、事事、处处都处于家庭的中心位置实际上是孩子产生任性和蛮横行为的根源,他们不再对孩子的要求无条件地满足。然而一些父母犯了"过犹不及"的错误,淡化了父母的关爱、过于压制孩子的物质需求,让男孩在困境中衍生出自私自利、过于自尊的性格缺点。这对男孩的身心发展都是极为不利的。

其实,我们在教育男孩的时候,要告诉孩子:尊重别人就是尊重自己。要以约束为主,鼓励为辅,正如鲁道夫·德雷克斯所说:"孩子需要鼓励就好像植物需要水分。"

一个男孩要想得到自尊,就必须先尊重别人,这对于处于逆境中的男孩也一样,自尊是自己争取的,而不是别人给的,家长让孩子克服以自我为中心和任性、蛮横行为的同时,也要防止矫枉过正,注意在日常生活中对孩子进行正确的引导和鼓励。

对此,我们父母可以把尊重别人作为家庭价值观甚至是一种制度来让男孩从小履行,这样,男孩就会把尊重当成一种习惯,即使在遇到困难和磨难时,也不会抛弃这一观念。

家庭价值观是指父母双方都遵从的,并且渗透到家庭日常生活中的价值观念,如尊重。家庭价值观对孩子有十分强大的影响力。但是当这些价值观念强加给孩子时,他会拒不接受,而只有家长持之以恒地言传身教,并且不断地鼓励孩子,他们才会接受。

能够对男孩的观念产生最有益影响的、最重要的家庭价值观是有关社会价值方面的观念，这种有关社会的观念关注的是人的价值和人与人之间的关系，那些懂得尊重别人的男孩往往是受了以下家庭价值观的影响：

①所有的人都是有价值、有意义的个体，都值得被尊重。

②每个人都应该富有协作精神。

③尊重别人非常重要——关心别人，为别人做贡献，理解、接受和尊重来自不同家庭和背景的人。

④摩擦和冲突是不可避免的，而且可以通过友好文明的方式加以解决。

除此之外，男孩也需要父母的尊重和信任。这就要求家长对男孩的感受表示理解和关心。每个人都有感情，而且有时会感到迷惑或痛苦。要努力理解男孩的感受，而不要由此对他们形成什么判断或者试图改变他们，帮助男孩感觉到自己被接受、被尊重，相信他们能够为今后面对生活中的困难做好准备。

总之，父母在平时的生活中，不要忘了鼓励男孩，鼓励他尊重别人，应当考虑面对的挑战是否适合男孩的成长发育，这一点也很重要。然后，给予男孩充分的信任，相信男孩能自己走出困境，除了以前的问题和困难，相信你的孩子也有能力学习、成长和发展。当男孩表现出不自信、担心或恐惧时，听听他们的感受，充分相信他们的能力对男孩十分有意义。这样对男孩说："我知道这件事很难，但我相信你能处理好。"这样会极大地激发起男孩的勇气和信心。

教育无小事,作为家长,要教育男孩:尊重别人的人才会受到尊重,尊重别人就是尊重自己。从每一件小事培养,抓住每一个细节,让男孩们做得更好!

教育男孩要心中有他人

不少家长反馈,男孩在家里根本不懂得关心别人,这样的孩子在未来怎么能获得良好的人际关系呢?其实,孩子不懂得关心他人,很重要的一个原因就是孩子的自我中心意识过重,而这种过重的自我中心意识往往是家长给他们养成的。什么事都依着他,什么东西都让给他,家里所有的人都要听孩子的,这样就必然养成他"心中没有他人,只有自己"的自我中心意识,这样的孩子是不可能去关心他人的。教育男孩心中有他人,将来走上社会,才会心中有祖国,心中有人民,成为祖国的栋梁之材。所以,要养成男孩心中有他人的情感,就要从小教育,最重要的是要做到以下几点。

1.要让男孩从孝敬父母开始,学会爱别人

家长可以不断地给男孩创造孝敬父母的机会。例如,让孩子给爷爷奶奶、爸爸妈妈过生日,为父母献上一首歌,说一句祝福的话。男孩会在做这些事中得到长辈的喜爱，得到成人的赞赏，从而强化他孝敬父母、尊敬长辈的意识。

2.父母要以身作则，言传身教

父母平时要尊老爱幼，热心助人，做关心他人的楷模，为男孩提供具体形象的学习榜样。例如：吃饭时为父母夹菜；晚上，为父母洗脚；邻居家遇到困难时主动地去帮忙等，孩子的眼睛就像录像机，父母的一言一行会深深地打动他的心，并在他幼小的心灵里埋下爱的种子。

3.家长不要迁就、溺爱男孩

父母要让男孩认识到，他和家里所有的人都是一样的，没有什么特权，自己喜欢的东西别人也喜欢，自己不喜欢的东西别人也不喜欢，所以，自己喜欢的东西就要与他人分享，不能霸占。

4.父母要经常与男孩沟通，让男孩知道父母的苦与乐

父母要平等地与男孩谈话，把自己的真实感受告诉他。例如，当妈妈疲劳地回到家里时，可以告诉孩子："妈妈挤了两个多小时的公共汽车，很累，你能给妈妈倒点水吗?"若是爸爸或妈妈从外面带回可口的点心，可以一家人围坐在一起，让孩子分点心，家长应高兴地接受分享，表扬孩子礼貌、懂事的行为，让孩子养成好东西大家一起分享的习惯。

5.给男孩提供练习关心他人行为的机会

如，爸爸下班回来，妈妈帮爸爸倒杯茶，就让孩子为爸

爸拿拖鞋；奶奶生病了，妈妈为奶奶拿药，就让孩子为奶奶揉揉疼痛的地方，或者为奶奶倒杯水；自己头痛时就让他帮忙按摩太阳穴，日子长了，孩子就会学习许多他应该做的事情。再如：上街买菜时，就让孩子帮忙拿一些他能拿得动的东西；有好东西吃，就让他分享给家人吃，或者邻居家的孩子吃，孩子以后每碰到类似情况，就会如法炮制，慢慢就会养成关心他人的习惯。

6.对男孩关心他人的行为给予表扬和鼓励

例如，男孩帮妈妈擦桌子、扫地了，妈妈就要口头表扬孩子"呀！宝贝长大了，知道心疼妈妈了，今天能和帮妈妈一起干活了"；当孩子与邻居小朋友玩时，将玩具主动地让给同伴玩了，就抚摸着他的头"你真棒"，或者给孩子一个吻等。

教育男孩要懂得分享

在现实生活中，自私、不愿意与人分享的男孩并不少见。这虽然不是什么大毛病，但如果是一个什么都不愿与他人分享、独占意识很强的人，是很难与他人形成良好的人际关系的。所以，从小培养男孩与他人分享的意识很重要。为此，爸爸妈妈应该帮助男孩做到以下几点。

1. 分享物质

分享对于孩子来说就是分享糖果、图书等物品，家长可以先由物质分享入手。可以借孩子过生日，邀请小伙伴、父母的亲朋好友一起来分享生日蛋糕，让孩子在此过程中学会分享，体验分享的快乐。孩子有了新玩具或新图书，家长可以引导孩子把好东西带到学校与同伴一起分享，让孩子懂得与人一起分享，这样才快乐。

教孩子与人分享物质，要根据一定的年龄：当孩子小的时候是不知道，也不愿意把自己的东西拿出来和别人分享的。两岁以前的小孩，一般来说是自己玩，或大人带着玩，还不能和其他小朋友一起玩。这个时期的小孩，如果他想要别人的东西，要让他学会说"请"。

大约在两岁时，就可以开始教他分享了。教他带别人分享，要慢慢劝说，不能强迫。渐渐地养成他愿意分享的优点，让他感受到，有礼貌时别人带他分享的可能性很大，而带别人分享时可以玩得更高兴，同时可以交到朋友。但也要告诉他，如果不愿意带别人玩的，可以不分享。

2. 分享快乐

就是别人很高兴的事，你也可以一起高兴，从而产生一种因分享而带来的快乐和满足感。

3.分享成功

也是培养孩子的大气。引导孩子从小分享他人的成功,显得尤为重要。

4.在家庭中巩固分享行为的形成

孩子善于观察和模仿,家长的言行举止都是孩子观察和模仿的对象。父母是孩子的第一任老师,父母的日常行为、言谈举止和情感态度随时都对孩子的发展产生潜移默化的影响。所以,父母要做个有心人,平时抓住一切有利时机为孩子做好行为示范。父母必须经常检查自身的言行,为孩子做出良好的榜样。

5.实践机会

家长要经常提供孩子为长辈服务的机会。在小区里,家长可以引导孩子关心帮助他人,如给孤寡老人问寒送暖、给灾区人民捐衣送物、和邻居友好相处等。家中如有小客人来了,可以请孩子来招待,把自己好玩的玩具、好看的图书拿出来与小客人分享。

6.及时鼓励表扬

父母应该采取积极的教育态度,当孩子不愿分享时,家长要告诉孩子,好东西要同大家一起分享,同时在平时的生活小事中不忘教育孩子应该学会分享。

总之,家长不能对男孩的要求有求必应,而是让男孩在和别人交往中，让他自己决定什么东西在什么时候是否分享，但父母只能引导，不能强迫，要用正面教育的方法。教孩子和朋友分担痛苦，他的痛苦就会减少许多；教孩子和朋友分享快乐，他的快乐就会成倍增长。学会了分担和分享，他的生活就会遍布阳光，这样的男孩才是内心健康、人格健全的，才能迎接未来社会的挑战！

让男孩学会主动给予

我们都知道，孩子是家庭的未来，他就像一张无字无画的纸，交在父母手中，父母的责任就是要在这张白纸上添色加彩，使之鲜活，充满生命，从而拥有一个健康的人格，而不能让孩子做一个"自私鬼"。自私的孩子从小到大在家里只知道向大人索取，不知道帮大人分忧，走向社会后也只想让别人照顾他，不知道主动去关心照顾别人，一旦自己的愿望得不到满足，就会无比气愤，甚至于走向极端。这样的人，从个体来讲是不受社会欢迎的，从群体来讲则会缺乏沟通、缺乏谦让，最终不利于整个社会的和谐发展。

对此，作为父母，我们一定要认识到，对男孩正确的言行和合理的要求应该给予支持和鼓励，对不正确的言行和要求不但不能满足，而且应耐心地进行说服教育，使孩子懂得做人的道理，这才是真正的爱孩子。

那么，家长应该怎样让男孩学会给予呢？

1.给男孩树立榜样

孩子是在模仿中学习做人，学会做人的。成人是他们模仿的主要目标。良好的情感和行为一定会给孩子以潜移默化的影响。

2.让男孩克服不愿意主动让出物质的习惯

不愿意把自己的东西让给别人，这是孩子正常的表现，孩子只有在逐渐学会关心和爱护他人之后，才会逐渐变得慷慨起来。追根溯源，培养孩子的慷慨行为，要让孩子从学会关心他人做起。此外，要想让孩子有慷慨的表示，可以给孩子买两件相同或相似的玩具，在他玩过一段时间以后，可以主动征求他的意见，"你有两个同样的玩具，隔壁的孩子一个都没有，咱们送他一个好不好？这样妈妈会很高兴。"在孩子高兴的时候提出这种建议，孩子往往乐于接受。

3.增强男孩对爱心情感的认识

在日常生活中，我们应注意引导男孩观察什么时候别人难过，什么时候需要自己的帮助。比如，别人摔倒了，不应该站在旁边看，而应该把他扶起来，并帮助他拍掉身上的泥土，问他疼不疼，引导男孩主动关注困难者，帮助别人。

4.让男孩体验爱,教育他学会给予爱

在给孩子爱的同时,让孩子知道别人在给予你爱时所付出的辛劳,从而使孩子产生感激之情,体验并懂得爱。同时要教育孩子学会给予爱,有了对爱心的认识以后,必须采取行动,行动是关键的一步,应教给孩子相应积极的方式,如别人生病了,应去看望他;小弟弟摔倒了,应把他扶起来。当孩子有了爱心行动时,应及时肯定表扬,强化孩子良好的情感和行为。

总之,在平时,家长应有意识地去引导教育男孩,爱孩子应爱得理智,这样,在男孩幼小心灵里埋下爱的种子,他就会主动地关心别人,并能主动给予。这对于男孩的人格发展很有必要,也不能忽视。

鼓励男孩主动帮助别人

乐于助人是中华民族的传统美德,是一个人良好道德水准的重要表现,而这一美好的品质,需要父母从小培养。可恰恰相反的是,现在的孩子都是家庭中的"小皇帝",全家的宠儿和期望。父母过度关爱,让男孩们很少有机会去关心、照顾别人,他们甚至很少想到别人,除非他们需要别人帮助。这一切看来是自然的、顺理成章的。然而,这对男孩的成长都是十分不利的，它不利于孩子优良品格的形成；不利于孩子长大进入社会与人共处，它会妨碍一个人学习上、事业上的成功。

乐于助人是一种高尚的品质。对于一个年幼的男孩来说，他们也许尚无明确的认识，不懂得它的社会意义。可是他们都极富同情心，这是培养他们乐于助人精神的基础。家长可以利用这点，鼓励男孩主动帮助别人。可以从以下几个方面入手。

1.可以从培养他们关心别人入手

例如，父母要有意识地让孩子回家后先去问问生病的奶奶好些了吗？妈妈下班回来，爸爸让孩子去问问妈妈累吗？爸爸出门办事，妈妈让孩子去代说一句"路上骑车要小心"。

2.要从小事做起

要给孩子机会，让他去帮助别人。培养孩子对周围人事与情感的敏锐，并让他们去尝试自己所学到的。例如，弟弟不舒服，让他去照顾，从经验的累积中会使他了解什么是"帮助"。在这种举动中，将会体验到帮助别人的快乐。又如：妈妈蹲着洗菜，爸爸就可以启发孩子注意到，并让他送去小板凳；奶奶生病卧床，妈妈让孩子递水、送药。

3.要注意启发男孩的同情心

孩子的行为绝大多数是由感情冲动引起的，而且行为过程带有很浓的感情色彩。那么，在让孩子做某件事情时，最好从启发他的情感入手，如"你看那位老爷爷弯腰多吃力呀！赶快帮助他把报纸捡起来吧！"这比"你应该帮助老人"的效果好得多。

4.父母要起到榜样作用

家长是孩子第一个模仿的对象，家长一定要以身作则，孩子是父母的一面镜子，家长的行为，常在孩子身上反映出来。因此，家庭成员间的互相关心，邻里间的互相帮助等，都能直接地教育孩子。当家长在接受了别人的帮助以后，及时地对别人说声谢谢；在收到礼物的时候邀请孩子和自己一起写感谢卡等。有了大人的示范，再遇到类似的情形时，孩子自然而然就会学着大人的做法。

5.家长对男孩的行为持何种态度，也是起重要作用的

对于男孩热心帮助他人的做法，家长要予以肯定、支持。万万不可教育孩子"少管闲事"，甚至孩子因帮助了别人还挨批评，要知道家长的态度时时影响着孩子，是在塑造着孩子的未来。家长在启发、支持、赞赏孩子助人为乐的行为时，还可向孩子讲明为什么要这样做，帮助孩子提高认识，逐渐形成较为明确的行为标准，亦即提高孩子的道德认识。

作为父母，如果男孩看见别人有困难的，如摔倒了、生病了等，都应该趁机对孩子进行正确引导，然后帮助别人，让他分享帮助人的感觉与快乐，帮助男孩增添一种良好的品德，帮助他们形成"利社会"的自我形象，毕竟，一个乐于助人的人不是"自私鬼",一个乐于助人的人能获得社会更高的评价!

让男孩学会换位思考

有位家长是这样教育自己的儿子的:"有一次,朋友给我的儿子买了一顶帽子。儿子一戴,抱怨帽子小,戴着还觉得头皮发痒,一脸的不高兴,更没有主动表示感谢之意,弄得我很生气,朋友也一脸尴尬。等朋友走后,我就问儿子:'如果你买了一个礼物送给别人,结果人家看到你送的东西一脸的不高兴,你心里会怎么想?如果对方高高兴兴地接受,并大大方方地谢谢你,你是不是会很愉快呀?'儿子知道自己做得不对了,当天就打电话给送礼物的阿姨表示感谢,并为自己的失礼道歉。后来,儿子渐渐学会了换位思考,没有我们的指点,他也能独立地面对别人的好意而主动说出感谢、感激的话了。"

案例中的这位家长是位智者,懂得从孩子的角度考虑问题,让孩子学会了换位思考。

的确,现代社会,很多男孩都是独生子,生活条件优越、长辈宠爱,都是以自我为中心,很少会为别人考虑。男孩自我中心的形成往往与不恰当的教养方式有关。为了让男孩健康地成长，每位家长都有责任在孩子的心灵中播撒一颗爱的种子，只有当这颗种子在孩子的心灵中生根发芽时，他的心中才能装得下别人。

那么，家长该怎样引导年幼的男孩克服以自我为中心的心理呢？这就需要教导男孩学会换位思考。

1.让男孩清楚自己的份额

从男孩三四岁起，就要让他开始认识到自己在家庭中的位置。比如，有了好吃的，不要只留给孩子一个人吃，可以根据家里的人数分成几份，让他知道自己的食物只是其中的一份，而不是全部，懂得与人分享的概念。如果爸爸妈妈舍不得吃，可以留给孩子，但是要让孩子知道这种"优待"之中有父母的自我克制和爱，并不是理所当然。

2.让男孩多替别人想想

男孩之所以会以自我为中心，是因为他不知道自己的行为会给别人带来什么样的负面影响，可以引导孩子站在他人的角度思考问题，学会换位思考。

3.让男孩学会分享

在许多人眼里，帮助他人，意味着付出，意味着对自我的克制，其实更多的人还在助人的过程中发现了快乐，帮孩子体会与人分享带来的快乐，他会更愿意与人分享并帮助他人。应尽量避免给孩子树立负面的榜样。

古语说:"儿行千里母担忧",男孩是父母生命的延续和希望,是父母心中永远的牵挂。父母都期盼自己的儿子能成才,然而要使孩子健康地成长,家庭教育也是不可或缺的。有句话说得好:孩子就像风筝,父母就是放风筝的人,孩子飞多高多远,就看怎么放手中的线。如果每个男孩都能学会换位思考,学会将心比心,那么生活中一定会多份理解、和谐、幸福!他们也会因此而拥有一颗感恩的心,那么将来在工作中也一定能把方便留给别人,把困难留给自己,从而获得更好的人际关系,这样的人际关系一定会更融洽,工作氛围也会更轻松!

让男孩成为人人喜欢的万人迷

以下是一个男孩的日记:"我的性格还是比较外向的,长相虽然算不上出众,但是自我感觉还可以。学习也不错,班里前十名,可是就是人缘不好,感觉周围其他男生好像都很反感我,看到他们和别的女生闹,我也想去玩,可是却不知道怎样加入他们。听我一个好朋友跟我说,他的同桌跟他说比较反感我,也没有说原因,还说不准我那个好朋友告诉我。虽然我知道了,可是我很无奈,也许是因为我说话的缘故吧,因为我真的不知道该怎样和同学们交谈，怎样才能让别的同学喜欢和自己说话，有共同语言。我到底该怎么办？"

在生活中，可能不少家长也听到男孩有过这样的苦恼："不知道怎样才能被同学和朋友们喜欢。"男孩在交朋友时，不受同学欢迎、人缘差，这的确是困扰孩子的问题。

作为父母，我们不但要成为男孩学习上的指导者，更要成为他们成长路上的知心朋友，在孩子有了烦恼和困惑后，我们要为其答疑解惑。

男孩都想成为受人欢迎的人，对此，你要培养男孩形成良好的交往品质，这些品质包括以下几点。

1.自信

自信是人际交往中重要的一个品质，因为只有自信，才会将自己成功地推销给别人认识，无数事实证明，这类人更易赢得他人的欢迎。自信的人总是不卑不亢、落落大方、谈吐从容，而绝非孤芳自赏、盲目清高。而且对自己的不足有所认识，并善于听从别人的劝告与帮助，勇于改正自己的错误。培养自信要善于"解剖自己"，发扬优点，改正缺点，在社会实践中磨炼、摔打自己，使自己尽快成熟起来。

2.真诚

"浇树浇根，交友交心。"想要交到真正的知心朋友，就要学会真诚待人。真诚的心能使交往的双方心心相印，彼此肝胆相照；真诚的人能使交往者的友谊地久天长。

3.信任

在人际交往中，信任就是要相信他人的真诚，从积极的角度去理解他人的动机和言行，而不是胡乱猜疑，在心里设防护墙，因为信任是相互的，尝试信任别人，你才会获得信任。美国哲学家和诗人爱默生说过：你信任人，人才对你忠实。以伟大的风度待人，人才表现出伟大的风度。

4.自制

与人相处，经常可能会因意见不同、误会等原因难免发生摩擦和冲突，而面对摩擦，学会克制自己的情绪，就能有效地避免争论，达到"化干戈为玉帛"的效果。但自制并不是无条件的，应有理、有据、有节，如果是为一时苟安，忍气吞声地任凭他人的无端攻击、指责，则是怯懦的表现，而不是正确的交往态度。

5.热情

在人际交往中，热情的人总是不缺朋友，因为别人能始终感受到他给的温暖。热情能促进人的相互理解，能融化冷漠的心灵。因此，待人热情是沟通人的情感，促进人际交往的重要心理品质。

人际交往确实是一门学问，其实，在教育男孩的过程中，我们不仅要让其学习到文化知识,更要着力培养他们好的品质,这样,他们在未来人生道路上会有更广泛的人际关系和更多人的支持和帮助。

教男孩敢于拒绝他人

在生活中,我们都希望我们的孩子懂得与人分享,养成慷慨、大方、谦让的美德。但任何事情都要讲究一个度,若是轻易承诺了自己无法履行的职责,将会带给自己更大的困扰和沟通上的困难度,这就需要男孩学会拒绝别人。

当男孩没有勇气拒绝的时候,家长就可以尝试下面的几种方法。

1.教男孩泰然接受他人的拒绝

在日常生活中,即便是在孩子小的时候,作为父母,也应该在孩子头脑中强化一个概念:别人的东西不属于我。这样,也就明白了拒绝别人的必要。

2.让男孩坚持自己的决定

有些孩子不敢拒绝同伴的要求是因为害怕别人不跟自己玩,害怕被孤立,于是,别人要什么东西,他就会拱手奉送,可是,事后他就后悔了。这种情况就是平常说的"没志气",

常发生在年龄较小的孩子当中。这就需要家长逐渐培养孩子的果敢品质,自己说过的话、做过的事,就应该勇敢承担起责任来,自己拒绝同伴后就应该承担起受冷落的后果,而不是事情过后就反悔。

3.教男孩正确认识"面子"问题

有时男孩不敢拒绝他人还可能是为了照顾面子。比如,虽然自己的钱都是父母给的,但当别人来借钱去玩游戏时,为了面子还是会借给别人。有些孩子甚至发展到别人叫他去做一些不合纪律的事情也会违心去做,而事后却遭到老师的批评。可见,让孩子学会拒绝就应该教孩子正确区分面子。

4.教给男孩委婉拒绝的技巧

以下是几种男孩可以学习的方法。

(1)让男孩学会用商量的语气和别人说话。告诉孩子,拒绝别人有时要和对方反复"磨嘴皮子",直到对方认可。如此,就能巧妙地拒绝对方,避免一场冲突。

(2)让男孩学会间接拒绝别人。开门见山,直截了当式的拒绝,犹如当头一盆冷水,使人难堪,伤人面子。父母要教会孩子学会先承后转的方法,这是一种避免正面表述、采用间接地主动出击的技巧。即首先进行诱导,当对方进入角色时,然后话锋一转,制造出"意外"的效果,让对方自动放弃过分的要求。

（3）教男孩善用语气的转折。告诉男孩，当不好正面拒绝时，可以采取迂回的战术，转移话题也好，另有理由也罢，主要是善于利用语气的转折：首先温和而坚持，其次绝不会答应。

（4）教男孩学会推辞别人的请求。如果男孩不想答应别人的请求，父母可以教他用一拖再拖的办法，推辞别人的请求，如说"我想好了再跟你说""我再考虑考虑"等，这些都是委婉拒绝别人的方法，别人也会从孩子的推辞中，明白他的意图，也不会使双方过于尴尬。

总之，父母所要做的，就是教会男孩如何平和地、友好地、委婉地、商量地拒绝别人的要求；同时泰然自若地接受他人的拒绝，而不是为男孩解决、包揽问题。

第5章

男孩不爱学习，父母应该怎样做

在生活中，不少父母抱怨儿子不爱学习或者学习效率低、记忆力差，甚至是厌学等。其实，作为父母，我们不仅要为男孩提供好的教育条件，更要成为他们学习上的帮手。针对儿子的学习困扰，我们一定要引起重视，但更要注意方式，我们要多注意引导，多培养男孩的兴趣、激发男孩的求知欲、传授正确的学习方法，从而让他提高学习效率，提升学习成绩！

如何让厌学的男孩爱上学习

这天，在小区门口，两个妈妈就孩子的教育问题攀谈起来，其中，一位大姐说：

"小明妈妈，最近怎么了，看你好像闷闷不乐的，是不是有什么心事？有什么事，我们能帮忙的，就说出来，大家都是同事。"

"不瞒你说，就是我家儿子小明。我现在几乎每天下班后的工作，就是第一时间把他从游戏厅拽出来，这孩子，现在不知道怎么了，好像开始厌学了，我记得以前，他很爱学习，别人问他以后的理想是什么，他都说是考大学，现在，不知道他在想什么，和小时候判若两人。对了，听说你家淼淼很爱学习，成绩很优异呢，你是怎么教育的"

"其实，孩子厌学，还是需要正面引导的，生拉硬拽可不是办法……"

在我们的生活中，有不少和案例中的小明一样厌学的男孩。作为父母，我们都知道孩子现在最重要的任务就是学习，所以大部分父母希望孩子努力学习，只要男孩一回家，就让他们做作业、看书等，久而久之，男孩一点玩乐的时间都没有，自然就开始厌学了。

除此之外,他们还要面临残酷的学习竞争,一场场考试、一次次排名,把他们压得喘不过起来,久而久之,他们开始产生厌学的情绪。其实,缓解孩子的学习压力是个社会性的问题,需要全社会的共同努力,但是做家长的负有最直接的责任。为了孩子的健康成长,每一个家长都要格外精心和努力。

作为父母,我们要从以下几个方面努力。

1.引导男孩明确为什么要学习

男孩只有端正学习动机,才会产生永久的学习热情。我们发现,在生活中,一些家长爱用"将来没饭吃""不读书一辈子干苦力"等话数落孩子,既没有给孩子讲道理,又没有直接激发孩子的具体实例,往往起不到任何作用。

其实,兴趣才是最好的老师,男孩的学习也是如此,只有让孩子真的爱上学习,他们才能化压力为动力,因此家长要注意经常鼓励孩子,想方设法地激发他的兴趣,并潜移默化地向他灌输社会性理想,帮助他将目光投向社会、世界和未来。

可见,孩子一旦对学习产生了兴趣,便会积极主动地投入,消除怠惰。

2.搞清楚你的儿子为什么不爱学习

我们父母首先要和男孩自由沟通,以温和的态度和孩子探讨为什么不喜欢学习。父母了解他的问题所在,就要为他解决。对于因学习困难而对学习不感兴趣的男孩，家长要耐心地帮助孩子找到困难的原因，帮助他掌握科学的学习方法。

3.积极帮助孩子解决学习中的困难，让男孩不因学习吃力而厌学

很多父母关心儿子的学习情况，只是把眼光放在孩子的成绩上，而没有认识到孩子有时候也需要家长在学习上的辅导与帮助，有的孩子因为某一个问题没弄明白，一步没跟上步步跟不上，渐渐失去了学习的信心和兴趣。所以，家长要想真正关心孩子，就要注意他是否能跟上学习进度。有条件的家长每周都要和他一起总结一次，发现哪里出现问题就要及时补上，有的时候，如果我们无法给予孩子帮助，还要请专门的老师为他指导。孩子在学习上的困难得以解决，学习兴趣必然能够得到提高。

而对于学习压力过大，已经明显表现出病态心理和行为的男孩，要积极求教于心理咨询和治疗机构，在专业人员的指导下对孩子予以科学的辅导，逐步帮助孩子及时得到积极矫治。

为男孩营造良好的学习环境

这天，刘先生和妻子又被班主任老师叫到学校了，原来是

儿子刘小宝的学习成绩又下滑了。

"刘小宝同学这个学期很奇怪，他看上去平时挺努力的，有时候放学、课间都在学习，可是为什么越学越差呢？"

"照理说不应该，我现在已经辞职在家，专心照顾他的饮食起居了，就是希望他能学习好。"刘太太这么说。

随后，老师把刘小宝也叫过来，想让他说说自己的心里话。

"妈妈虽说现在辞职了，但是家里却多了很多牌友，每天一吃完饭就打牌，根本静不下心来，那些邻居也是，一天到晚吵吵闹闹的，都不得清净，所以平时宁愿在学校学习到很晚也不愿回家。"

"你们看，这就是你们的问题了，相信你们也知道'孟母三迁'的故事吧，学习环境如何，直接关系到孩子的学习效率，家里一天到晚乱哄哄的，任凭孩子是天才，也不可能不受影响。"

"老师说得对，这是我们的问题。"

很多父母发现，给孩子买最好的学习工具，进最好的学校，请最好的家教老师，怎么成绩还是这么差呢？其实，作为父母的你，有没有想过，这就是最好的学习环境吗？

你是否曾留意到，当你们之间因为一件琐事吵架的时候，儿子的心情如何？当你们把亲戚朋友聚在一起吃喝的时候，有没有考虑过是不是会影响男孩的学习？当你们对他期望过高时，男孩能承受那么大的压力吗……，很多时候，我们都忽视了家庭环境对男孩的学习的影响。

家庭是每个男孩成长、生活和学习的基地，能否为男孩创造良好的学习环境，对男孩的学习有着直接的影响。我国古代就有"孟母三迁"的故事，讲的是孟母为了让孩子不染上市侩气，成为一个学识渊博的读书人，不厌其烦、多次举家搬迁，从而为孩子创造合适的学习环境。孟母这样重视环境对孩子的影响，是值得后人借鉴的。

那么，应该怎样为儿子营造一个良好的家庭学习环境，让孩子能开开心心地学习呢？

1.硬件环境

这里所说的硬件环境，指的就是物质环境，孩子是没有经济来源的，这需要作为父母的我们为孩子提供。青春期的男孩需要的学习环境包括安静的住所、明亮的书房、舒适的桌椅、合适的灯光、必备的学习用品等物质条件。这些环境对一般家庭来说都不难做到。

2.软件环境

与物质环境相对，软件环境指的是精神环境，包括父母、家庭成员之间的关系、家长对孩子的期望程度、父母的文化素养等各个方面。

事实上，那些成绩优异的男孩在谈及自己的心得时，大都会感谢父母和老师给了自己一个轻松的环境。父母不看重名次、老师不看重分数，而是注重给自己营造良好宽松的学习氛围，给自己塑造积极向上的心态。如此一来，孩子没了包袱，自然能好好学习。

然而，不难发现，一些父母以为只需要给孩子好的物质环境即可，其他就应该孩子自己努力，他们下了班回来只顾自己娱乐，不是放录音机，就是开电视机，或是把一些无所事事的人约到家里喝酒聊天、唱歌、打麻将。这些会严重影响男孩的学习和成长，父母需要特别注意。

另外，我们父母还要为男孩创造一个良好的家庭环境，所谓良好的家庭环境就是全家人关系和睦、融洽、父母子女之间相亲相爱，这样，男孩就会开开心心，不会因为家庭的争吵、不和而影响到情绪，也会有一个很好的榜样作用，这是很重要的。

帮助男孩适度减压

这天，在某心理咨询室内，一位妈妈带着儿子前来求教。

妈妈说，儿子在一所重点初中读书，学习成绩一直名列班级前茅，学校老师也很欣慰，但马上到初三了，孩子在情绪上发生了很大的波动，突然觉得心情紧张、抑郁，有种莫名的烦躁令他经常发脾气，甚至产生了厌学的念头，同时他的身体也出现了一系列异常，经常感到无精打采，周身乏力。妈妈看着也无计可施，只好来求助心理医生。

对于这名初中男孩遇到的问题，心理医生称，男孩是因为压力大无处宣泄，实际上，像他的这种情况，在不少男孩身上都发生过。

在现实生活中，我们家长常说自己压力大，工作压力和生活压力，上有老下有小，但其实，我们的孩子何尝不是如此呢？

对于成长中的男孩来说，他们不但要承受身体发育的带来的烦恼，还必须面临残酷的升学竞争，而现在的家长对孩子往往寄予厚望，等于无形中给了孩子很大的压力，容易造成孩子身心负担过重，继而产生厌学情绪；加之有的学校为了提高学生成绩，也对孩子进行高强度的学习训练，久而久之，男孩的压力越来越大。

因此，心理医生建议，家长应根据男孩的具体情况，适度地安排孩子的学习和生活，并要懂得为孩子减压。

1.父母不要过分看重孩子的学习成绩

作为父母,我们不要过分看重学习成绩,因为这对于男孩来说,会造成无形的压力,不少男孩感叹:一旦他们成绩下降,父母常常是老账新账一起算,把学习成绩下降归结为他们玩得太多、不认真等,甚至骂他们"蠢""笨"等,这只能导致男孩产生学习压力,甚至产生厌学的情绪。

2.转变教育观念,男孩成才之路并不只是上大学

不得不说,男孩的成才之路,未必就是读大学,我们父母要认真思考男孩的兴趣爱好,和孩子一起精心设计他的成才之路,对于学习确实存在障碍的孩子,要在科学分析的基础上敢于另辟蹊径。

3.帮助男孩养成良好的学习习惯

学习压力大的问题多半出现在那些学习困难、成绩不理想的孩子身上,而这不是因为孩子的智力问题,而是没有养成良好的学习习惯。例如,上课不认真听讲、注意力不集中、缺乏耐力和持久性、做事敷衍了事不认真等。

4.教会男孩化解心理压力

这里,有以下几种心理方法可以教会男孩如何化解。

①哭泣法:告诉男孩,内心郁闷时,想哭就哭。心理专家建议,哭泣是一种有效宣泄内心不良情绪的良好方法。

②心理暗示法:比如,你可以告诉孩子在面临巨大心理

压力时这样想象,"天气很好,我和爸爸妈妈躺在公园的草坪上""湖面很平静,岸边的柳树随风摇曳着它的身姿"等,都可以在短时间内放松、休息,恢复精力。

③分解法:你可以告诉男孩,引导他们把遇到的各种压力与困难都罗列出来,并把他们编号,当你在纸上一个个写出来的时候,你会发现,只要一个个解决,其实也没什么大不了的事。

总之,作为父母,我们帮助男孩减压的过程,实际上就是培养男孩训练良好的心理素质的过程,因此,在生活中,作为父母,我们要多关注男孩,经常从孩子的语言行动、情绪反应来了解他们的心态及其变化。当发现男孩在学习过程中压力过大时,一定要帮助他们从多角度减压,帮助他们消除心理阴影,走出低谷,奋发向上。

让男孩带着兴趣去学习

陈先生最近很头疼,因为他的儿子小贝突然间好像厌学了,学习成绩也直线下降。这天老师将陈先生夫妇请到了学校,想和他们探讨一下小贝的学习问题。

"陈小贝同学,为什么你学习这么刻苦,成绩却不见提高呢？"老师说完，小贝看了看他妈妈，好像不敢说的样子。老师好像看出了点端倪，就鼓励他说："有什么话你今天就当着老师和爸爸妈妈的面说清楚，这对你的学习有好处啊。"

"其实，我对学习根本就没什么兴趣，每次，我都是强迫自己背单词、做数学题，因为每天回家之后，妈妈都会检查我当天的学习情况，我只能这样。"小贝说完，还朝妈妈看了一眼。

"唉，这年头，我们大人为了孩子，付出了一切，可是，我们真的不知道孩子要的是什么，就跟我们家小贝一样，我也知道，每天回家后，虽然他表面上是在学习，但心思却不在书本上。"小贝妈妈说。

"我大概知道你们家陈小贝学习成绩上不去的原因了，因为他对学习提不起兴趣，所以花的时间虽然多，但却没有什么效率。"老师继续说："作为家长，你们现在要做的，就是激发孩子的学习兴趣了。"

常言道，兴趣是最好的老师。没有学习兴趣也是很多男孩学不好的原因之一，当他在某学科上学得不好，成绩很差，问他是什么原因，他会理直气壮地说："我没兴趣！"有些男孩说："我对学习没有兴趣，我学不好，我不学了！"

可见，没有了兴趣，也就没有了学习。可见兴趣对学习起着决定性作用。而随着男孩年龄的增加、学习负担的加重、课程内容的增多，如果男孩不能主动、积极地学习，那么，学习效率就会低下。对此，我们父母一定要注意激发男孩的学习兴趣。

1.尊重男孩的兴趣，引导男孩培养高尚的兴趣倾向

作为父母，我们都对男孩给予厚望，但不少父母为了不让儿子掉队或者想让儿子成为学习上的佼佼者，千方百计地想让儿子学得好、懂得多，于是，他们把男孩的周末安排得满满的。同时，他们还按照自己的主观意志去"规定"男孩的兴趣，而不是尊重男孩自身的学习兴趣的发展规律培养他们，这样往往会延误孩子的发展。如果男孩不按照自己的学习兴趣去学习的话，学起来会很辛苦，学习效率自然无法提高。如果我们能按照男孩的学习愿望去学习，把"望子成龙"修改为"望子成器"，让男孩拥有自由发展的空间，效果可能会更好。

2.把男孩的兴趣和学习联系起来，让男孩产生明确的学习目的

比如，家长可以这样问："你为什么这么喜欢看星星呢？"

"因为我想当个天文学家啊。"

"真没想到你有这样大的抱负，但天文行业可不是一个简单的行业，一般人是进不了这个行业的。"

"那爸爸，您觉得怎样才能进入这个行业呢？"

"只有先努力考入大学，然后学习大量的天文学知识，才可以进行天文知识的研究。"

当男孩听完这些后，就会有一种想法：我必须考上大学，然后在这个领域深造，才能进入这一行业，这样，男孩就会真正明白：他应该去好好学习了。

而在这一过程中，整个交谈氛围是很和谐的，也使得亲子之间的感情在一点点升温，男孩对父母既感激又崇拜。

让男孩自动自发地学习

周末，奇奇的爸爸妈妈去加班了，奇奇和同学在家玩游戏，就这样，两人竟然玩了一整天。

晚上，爸爸从单位回来了，看到还在玩游戏的儿子，很生气，但出于教育孩子，他还是语重心长地教育他们。

"奇奇，你为什么每次都要我们督促才学习呢？你觉得学习是为了谁呢？"

"为了你们啊，我考好了，你们在同事面前就很有面子了。"奇奇得意地回答着。

"孩子，你怎么有这样的想法，我们任何人，学习都是为了自己，爸妈在同事面前夸你，是因为我们高兴，最终受益的是你自己，知道吗？"

"王叔叔说得对，王奇你这种想法可不对。谁都希望子女比自己强，辛辛苦苦地供孩子读书，也是希望孩子以后能有好的生活。我们应该给自己确立一个目标，努力朝目标奋斗。"奇奇的同学也这么说。

经过这件事后，奇奇想了很多，他觉得自己在学习上要自觉点了，后来在家打游戏的次数明显少多了。原来，他是躲进书房学习去了，在接连几次的月考中，他的成绩也提高了不少。

对于学习阶段的男孩来说，如果总是被动、消极、等待父母催促的学习状态，是很不利于提高学习成绩的。

在竞争激烈的当今社会，一个人的竞争力如何，很多时候体现在他是否有自主学习的能力上。

因为这涉及一个人最终能否获得丰富的知识，是否能变得博学。同样，每一个男孩也要学会自觉、自主地学习。如果你的孩子能做到自主学习，那么，他的学习效果就显著加强，远非注入式教学所能相比。

当然，自主学习的能力不是一朝一夕形成的，它是在学习实践中反复训练、反复运用、不断提高的。让男孩学会自动、自发地学习，需要父母不断引导。

1.帮助男孩端正学习目的

你要告诉他：你为什么而学习？是父母强逼你学习，还是你有着伟大的梦想？如果在男孩看来学习是一件无奈的事，那他又怎么可能投入全部的热情学习呢？

2.帮助男孩制订详细的学习计划

盲目地学习是没有好的效果的，效率差的学习会让男孩的自信心逐渐消失殆尽。

因此，你最好帮助男孩制订一份详细的学习计划：每天干什么，什么时间干，要有详细的计划，计划要切合实际，按照计划学习，这样才能帮助男孩更好地约束和规划自己，从而提高学习效率。

3.督促男孩坚持学习计划

一直以来，学习都不是一件很轻松愉快的事情，也不是一朝一夕一蹴而就的事情，它必须付出艰苦的劳动。告诉男孩，不要把学习看作一种负担，一种包袱和苦差事，学习是一种追求、兴趣、责任，一种愿望，学知识是为了人生更快乐，更有滋味，更有激情。

总之，在学习过程中，男孩自身才是学习的主人，你应该告诉他学会将自己的全部感官都调动起来，然后积极地参与到学习中去。只有自己去看书、去思考、去发现问题，分析问题、解决问题，从而让其掌握自主学习的方法，探索知识的规律。

帮助男孩制订一份合理的学习计划

每个月，学校都会开家长会。这天，开会之前，几个男孩的妈妈在一起谈论孩子学习的事。

"我感觉我家儿子学习越来越吃力了，书比以前看得多，题也做得多，但成绩还下滑了，不知道怎么回事。"一位妈妈感叹。

"是啊，我家的也是，没少努力，就是提升不了，不知道他们班的学习委员周翰是怎么学习的呀？"

"听说他并不是每天晚上做题到深夜呢？"

这时，另外一位家长说："其实，我们的孩子在长大，学习的功课越来越多，不能再用从前的学习方法学习了，得重新制订一个合理的学习计划了，他们才能高效地学习呀，不然学没学好，玩没玩好，孩子两头受累啊！"

可能很多家长会发现，你的儿子很懂事，即使你不叮嘱，他也认真学习，但是不知道为什么，他好像总是力不从心，似乎总是感觉时间不够用，学习效率也很低。这是为什么呢？

其实，男孩是缺少一个合理的学习计划，合理的学习计划是提高孩子成绩的行动路线，是帮助孩子成功的有力助手。没有学习计划，学习便失去了主动性，容易东抓一把、西抓一把，以致生活松散，学习没有规律，抓不住学习的重点，因而总是被其他同学远远地甩在后面。

那么，父母应该怎样帮助男孩制订学习计划呢？

你可以遵循以下几个原则。

1.合理安排时间，制订出作息时间表

比如，你可以让孩子制订出一张作息时间表，然后让孩子自己规划，并填上那些必须要花费掉的时间，如吃饭、睡觉、上课、休闲等。

安排这些时间之后，再选出某个固定的时间用来学习，还必须留出足够的时间来完成正常的阅读和课后作业。完成这些后，你要看看他在时间上的安排是否合理，如每次安排的学习时间不要太长，40分钟为最佳。学习不应该占据作息时间表上全部的空闲时间，总得让孩子给休息、业余爱好、娱乐留出一些时间，这一点对学习很重要。一张作息时间表也许不能解决孩子所有的问题，但是它能让你了解孩子是如何支配这一周的时间的。

2.学习任务明确，目标切合实际

男孩制订完学习计划后，可能并不合理，此时，我们家长可以在一旁协助和审核，要确保他的学习任务明确，目标符合实际，因为很多孩子制订学习计划时，总是"雄心勃勃"，恨不得用一天时间学习完一个月的内容，但这样往往是不符合实际的，孩子也很有可能因为完成不了而受到打击，这需要我们帮助他调整。

3.学习计划应与教学进度同步

父母在帮助男孩制订学习计划的时候，一定要注意这点，只有这样，孩子才能把预习和复习纳进学习计划中。

这就要求，在制订学习计划时，就要以学校每日课程表为基准，参照学校老师的授课进度，再让男孩结合自己的学习状况制订计划。

4.计划应该简单易行而富有弹性

任何计划的制订都要有一定的弹性，正常情况下，我们确实应该严格制订和严格执行，但生活中变化的因素很多，难免会出现一些小意外，所以这就要求计划不能过于僵死呆板，要有一定的灵活性，可以不至于因为一个环节不能完成而打乱后面的所有计划。

当然，男孩的学习计划应该由他自己来制订，家长所要做的应该是一个从旁协助的工作。

家长可以帮助孩子把学习计划合理完善、监督孩子的执行、结合实际提出修改意见等，而不是越俎代庖，按照自己的希望亲自制订。

男孩偏科现象如何改变

亮亮今年读初二，以前数学成绩一直不错，但从初一下半学期以来，他好像一下子开始不爱学数学了，成绩也一落千丈。亮亮爸爸也发现了这一点，知道儿子肯定有什么事。一次晚饭过后，他叫来儿子，让儿子帮自己算一下这个月的家庭开支，还不到几分钟的工夫，亮亮就算出来了。

亮亮爸爸借机问："我的儿子这数学能力果然不一般啊，我昨天折腾一晚上，也没搞明白，你几分钟就算出来了，佩服！"

被爸爸这么一夸，亮亮有点不好意思了，然后爸爸继续追问："儿子，其实爸爸一直想问你，你现在好像不喜欢数学了，怎么回事？"。

被爸爸这么一问，亮亮委屈极了，就将事情的前因后果说了，原来，上学期期末的一次测验，亮亮在做题，可是马上就要下课了，老师来收他的卷子，但是还有几个步骤没写完，希望老师能等一下，但是老师发火了，走过去夺卷子，亮亮用手一按，卷子撕破了，数学老师怒气冲冲地拿着卷子走了。亮亮在当天的日记里写道："我恨死数学老师了，今后，我上课不听她的课了，在路上遇到她，我也不和她讲话！"

于是，就这样，亮亮的数学成绩一路滑坡。

不得不说,亮亮之所以数学成绩滑坡,就是因为和老师发生了矛盾,进而影响了对该学科的兴趣而导致偏科,其实,很多男孩偏科都是由于这一原因。

但作为父母,我们都明白,每个青春男孩,在学习上都要做到学科均衡发展,不可偏科。

作为父母,我们都应该成为男孩的学习导师,都应该帮助男孩克服偏科现象。以下是几点建议。

1.帮助男孩正确认识不同学科的价值和意义

孩子不喜欢某一门学科,可能是因为他对这门学科的重要性认识不足。比如,如果你的孩子不喜欢英语,那么,你要告诉他:"英语是一门工具课,无论你将来从事何种职业,都是必需的。如果你等到需要用的时候再努力,就失去了最佳的发展时机。"

2.告诉男孩可以先假装喜欢这些学科

心理学的研究表明,当一个人对某一事物不感兴趣时,可以假装喜欢,告诉自己,其实我挺愿意去做这件事的。这样一段时间以后,你就会在不知不觉中改变自己的态度,变得对这件事情感兴趣了。

3.男孩不喜欢这些学科,可能与学习成绩有关

其实很多情况下,我们之所以学不会,是因为没有获得

成就感，男孩也是这样，当他们学不好，他们就会认为"没意思"，而越是"没意思"，就越没有兴趣继续学；如果他迫使自己去学习，并获得进步，这时可能就会发现兴趣。

如果孩子在这些学科上，学习成绩不太理想，你要告诉他，不要过分焦虑，不妨降低一点目标，采取逐步提高的办法。同时，也可以了解一下别人的学习经验，加以借鉴。要相信，一分耕耘，一分收获。当你的成绩有所进步时，你的信心会因此得到增强，学习兴趣也就相应地得到了提高。

总之，我们要引导男孩明白，任何一门课程，都是向别人学习的机会，"三人行必有我师"因此，无论他喜不喜欢一门课，我们都要培养孩子对这门课的学习兴趣，只有这样，男孩才能真正端正态度努力学习。

如何帮助男孩提高成绩

李鹏是个比较乖巧听话的男孩，李先生在管教孩子上也比较省心，但对于李鹏的成绩，李先生一直比较烦恼。

李鹏是班上有名的后进生，学习成绩在班级第10名和第24名之间波动。上初中跌到班级第29名，但实际上，李鹏学习很努力，有时候，李先生和妻子看着都很心疼。特别是上了初三以后，他经常加班加点，做很多练习题，可是成绩就是上不去，李先生担心儿子最后连普通高中都考不上，于是来学校找老师。

老师说："李鹏是个很努力的男孩，可是似乎他在死读书，我平时教的学习方法他都没用。要知道，学习的努力程度与学习成绩并不一定成正比。"李先生这才知道儿子的症结所在。

回家后，李先生找来儿子，跟儿子好好谈了一番。李鹏才知道原来自己一直是学习方法用错了，"努力+正确的学习方法"才会有好的学习效果。于是，在接下来的几次月考中，李鹏奋起直追，成绩提高很多。

可能不少男孩的父母都为孩子的学习操碎了心：为什么别的孩子能轻松地学好，而我的儿子很努力却学不好、成绩总是提高不了？其实，这还是因为学习方法上的差异问题，如果你能帮助男孩找到一套提高学习成绩的方法，那么，他自然能学得好。

当然，学习方法因人而异，我们帮助男孩寻找学习方法，要注重从旁协助，而不是灌输。另外，我们要告诉男孩，正确的学习方法可以掌握以下几个原则。

1.注重积累，打牢基础知识

学习不是一蹴而就的，成绩的提高也不是一蹴而就的，学习就像建房子，必须要打牢基础，只有一步一个脚印，打好基础，学好每个知识点，才会有成效。

2.多思考，帮助记忆

很多男孩不知道自己为什么总是记不住某个公式或者某个英语句式，这是因为他没有带着大脑思考，记忆与理解是相辅相成的，只有理解透彻，才能记得住；也只有多读、多记，才能帮助理解，这也就是理解记忆。

3.充分发挥学习的主动性和积极性

学习是主动的，任何强制性的学习都不会有高效的成果。

4.将书本知识消化成实践活动

将书本知识消化成实践活动就是要根据认识与实践的辩证关系，把学习和实践结合起来，切忌学而不用。

一个人，如果不注重能力的转化、反受知识的束缚，那么对知识的学习将影响他的能力的发挥，结果会与他们的初衷背道而驰。比如，在面对一项工作时，一个人如果对有关知识了解不深，他会说："做做看。"然后着手埋头苦干，拼命地下功夫，结果往往能完成相当困难的工作。但是有知识的人，常会一开头就说："这是困难的，看起来无法完成。"这实在是画地自限，且不能自拔。

因此，你要告诉男孩，学习更要注重实践：一是要善于在实践中学习，边实践、边学习、边积累；二是躬行实践，即把学习得来的知识,用在实际工作中,解决实际问题。

总之,作为父母,我们要让男孩明白的是,只有适合自己的学习方法才是最好的。有针对性地制订一套独特的、行之有效的学习方法,不仅能提高他的学习成绩,更重要的是他能找到学习的兴趣和热情!

第6章

品格塑造：和善而坚定地引导男孩

自古以来，中华民族都最注重品德修养，一个刚正不阿、诚实守信的人必当受到他人的尊敬。作为父母，我们一定要把打造男孩良好的品质作为他们人生性格修炼的第一要务，因为人生是一个不断前进、奋斗的过程。一个和善而坚定的男孩，才是真正的男子汉，也才会有光明的前途，才能成为最后的赢家。

告诉男孩欲做事、先做人

世事洞明皆学问,人情练达即文章。决定一个人能否成功的要素是多方面的,除了知识和能力以外,良好的做人与做事习惯也起着关键性的作用。良好的习惯能帮助一个人迅速地融入团体,最大化地发挥自身能力和借助团队的力量,从而更加容易地实现自己的目标和抱负。这就是欲做事、先做人的道理。

因此,我们在培养男孩时,也要培养他们良好的做人和做事习惯:真诚待人,认真负责;拒绝冷漠、自私等;让男孩学会做人,再学会做事,培养出一个做事有条有理,讲求效率,善于合作的孩子。那么,家长到底该怎样培养出男孩会做人这一品质呢?最重要的就是身教。

1.不要以成人的做人标准教育孩子

家是每个男孩的第一所学校,良好的家庭环境对男孩起着重要的作用,良好的家庭环境并不是指家庭经济的富有,而是指家长为男孩提供的良好的教育环境。父母是孩子的第一任教师,他们的言行,说话的语气和面部的表情、神态,行为方式,生活作风,兴趣爱好,情感态度等都直接影响男孩。

然而,在教育过程中,一些家长喜欢以成人的思维习惯和标准来要求男孩什么能干,什么不能干,甚至告诫男孩不能无缘无故送别人礼物,要苛求回报,这样下去的结果,必然会让孩子扭曲了与人交往的目的,扼杀了男孩好的品质的形成。

2.父母尊重他人,成为男孩的品质楷模

一些父母希望男孩成人、成才,他们视孩子为自己的私有财产,对待孩子或溺爱姑息,或简单粗暴,这很容易使孩子的心理产生扭曲。作为家长首先要尊重孩子,努力创造民主的家庭氛围,这是父母为男孩应尽的义务。同时,不能一味地讲家长权威,要注意和男孩进行思想交流与情感沟通。

3.父母诚实守信,成为男孩的行为榜样

当今世界,有些不良风气已经污染了孩子们的心灵,但我们在家庭教育中一定要注意诚实守信,答应了男孩的事情一定要做到,万一做不到就要向男孩解释原因。现在的家长容易犯一种所谓德育虚伪性的错误,他们会要求男孩做诚实守信的人,可是自己却总是做不到。须知,家长的身教比言传更为直接、重要。有些家长常常会自觉不自觉地在男孩面前撒谎,孩子就会觉得撒谎是对的,所以家长要做诚实的人,即使在迫不得已的时候,至少也要做到不当着男孩的面撒谎。经过父母身教的孩子必定是个诚实守信的人。

4.父母真诚待人,做好孩子的表率

随着经济社会的发展,很多男孩都是家里的独苗苗,从小养成了唯我独尊的观念，不与他人分享，只知"人人为我"，不知"我为人人"。为纠正其观念行为，家长就要在平时的家庭生活中着力营造和谐的家庭氛围，做到家庭成员人人平等、互相尊重、平等待人，还要在社会生活中建立良好的人际关系，尊重他人，平等待人，学会与他人分享。

这些品质都是男孩成功做人的前提，家庭教育的目的首先就是"人的教育"，其次是在人的教育基础上的"人才教育"，也就是父母教育孩子怎样做人，怎样成才，从而在未来社会中怎样做事。做人是第一步，会做人的男孩才能以健全的人格和完美的品质获得别人的喜爱，才能活得更加轻松、自在！

男孩爱撒谎怎么教育

可能涂改成绩对于一个成长阶段的男孩来说，并不算什么大事，但却事关他们是否诚实的品质问题，也涉及他们人格塑造得是否完善。

那么，作为父母，我们该怎样教育男孩诚实守信呢？

1.你是个诚信的父母吗

美国著名心理学家大卫·艾尔金德认为：想培养道德品质

高尚、修养好的孩子，父母自身首先也必须是这样的人。

作为父母，在教育男孩时，不要以为在孩子面前说的是一套，自己做的又是另外一套，而没有被孩子识破，孩子就会表现出诚信的行为。孩子的眼睛是真实的，他们往往会以实际为取舍。因此，我们家长应时刻检点自己的言行，从日常生活中点点滴滴的小事做起，不要撒谎，只要这样，对男孩的诚信教育才会有实效。

2.和男孩建立真诚和相互信任的关系

你要求男孩说话算数，你对男孩首先要说话算数。如果确实无法实现对男孩的承诺，一定要向孩子解释原因。这样在男孩心里才能对诚信的重要性有一个深刻的印象和理解，也才会信任家长，有什么事、有什么想法都愿意告诉家长。

3.父母要及时地肯定和鼓励男孩诚信的表现

人人都渴望被肯定，孩子也是这样。为了满足这种需要，他们在与他人交往的时候，一般都会勇于自我表现，善于自我表现，成人们在这方面应该创造条件，给予他们积极的诱导。当孩子有了诚信表现之后，父母及时给予肯定，强化诚信的行为效果，不断加深诚信在孩子头脑的印象。日久天长，诚信习惯自然而然就会形成。

4.掌握批评的艺术，及时纠正孩子不诚实的行为

男孩说谎，我们通常都很生气，但在批评孩子的时候，是

要讲究方法的，这才会行之有效。

　　家长首先要弄清楚男孩不讲诚信的深层次原因，千万不可盲目地批评。其次，还要及时对他进行单独的批评以便抑制不诚信行为的继续发生。最后，要让男孩心服口服。不要用粗暴的方式来对待孩子，这无异于把他们推向不诚信的深渊，下次就会编出更大的谎言来骗你。

拔掉男孩心中"嫉妒"这颗毒瘤

　　一天晚上睡觉前，小伟妈妈跟丈夫谈论儿子的教育问题，她这样陈述这个问题："儿子现在怎么忌妒心这么强呢？有次我无意中夸楼上对门张姐的女儿成绩好、懂事，没想到咱家儿子就愤愤不平地说：'老师包庇她。'开始我也没当回事。可是就在上个学期期末考试前，那女孩的几张复习的试卷丢了，就来我们家，向儿子借着复印，儿子一口咬定卷子借给表妹了。可是你也知道，咱家儿子哪来的表妹，而且，那天晚上，我看见儿子的书桌上竟然有两份复习试卷，很明显，那女孩的试卷是被儿子偷了，我当时傻了，你那时候出去出差了，也没有告诉你，可是这件事一直在我心里，我觉得有必要跟你商量一下，看怎么引导儿子？"

事实上，就连我们成人，也生活在一定的人际范围内，也会不自觉地与他人进行比较，其实，男孩也是，他们渴望友谊，也都有几个朋友，然而，同龄的孩子之间，往往免不了竞争，因此，一些男孩在面对比自己优秀、比自己成功的朋友时，就会产生心理不平衡，"和他做朋友，感觉自己像个小丑一样，简直是他的附属品"，这种心理很多孩子都有过。

作为父母，我们都要培养男孩的积极健康的竞争的心态，但在培养男孩竞争意识的过程中，也应该让孩子明白，竞争不应是狭隘的、自私的，竞争应具有广阔的胸怀；竞争不应该是阴险和狡诈，暗中算计人，而应是齐头并进，以实力超越；竞争不排除协作，没有良好的协作精神和集体信念，单枪匹马的强者是孤独的，也是不易成功的。为此，我们可以这样引导男孩：

1.让男孩认识到嫉妒心理的危害

只有让男孩从根本上认识到嫉妒的危害，才能帮助其有意识地逐步改变内心的嫉妒之心，那么，忌妒心的危害有哪些呢？家长不妨为孩子列出以下几条：

（1）对自己来说，嫉妒是一种内心的自我折磨，因为这种情绪无法向别人倾诉，只能让自己在痛苦中煎熬。

（2）对别人来说，当你因嫉妒别人而对对方做出伤害之事时，只能激发对方朝着更优秀的方向努力，那么，对方便会更加进步，而你只能停留在嫉妒中不可自拔，可见嫉妒无损他人，反而折磨自己。

（3）嫉妒是丑陋的。嫉妒会破坏友谊，嫉妒他人的人往往不顾同学之情、朋友之谊，为发泄憎恨而干一些损人不利己的蠢事，结果只能被集体嘲笑和孤立。

2.教育孩子在竞争中要学会宽容

一些男孩，一旦竞争失败，就会不高兴，甚至对对手充满敌意，这就表明男孩不能正确积极地面对竞争，这就要求我们在培养男孩竞争意识的同时，还要培养孩子好的竞争心态，要告诉孩子，在竞争中要宽容待人，让他明白竞争应该是互相接纳和包容的，而不是狭隘的、自私的。

3.教孩子在竞争中合作

竞争越是激烈，合作意识就越是重要。唯有竞争没有合作只能造成孤立，带来同学关系的紧张，给自己平添许多烦恼，对生活和事业都非常不利。

比如，你可以告诉孩子："这次团体比赛中，××队的确赢了，但你发现没，他们赢在了团队协作能力强。实际上，你所在的团队每个队员都有各自非常强的优势，但却有个缺点，那就是你们好像都只顾自己，这是团队赛中最忌讳的。"

总之，作为家长，培养男孩的竞争能力，就要让男孩明白只有与嫉妒告别的人，才有可能获得最后竞争的胜利，取得优秀业绩。

引导男孩树立正确的是非观念

小刚是个很懂事、很善良的男孩，而他善良的性格，是从很小的时候，爸爸就开始教育的。爸爸告诉他，一个男子汉，一定要明辨是非、刚正不阿、勇于担当。并且，爸爸还经常给他讲一些小故事。

上中学后的小刚，在学校里是出了名的正直的孩子，只要他看见高年级同学欺负那些低年级同学，他都会主动站出来。在家里，爸爸要是骂妈妈，他也会替妈妈说话。他记得最清楚的一件事是，有一天晚上，他从老师那儿补课回来，他看到有几个小混混在后巷打人，他很害怕，但他还是勇敢地报了警，当警察把这些坏人抓起来后，他觉得自己很勇敢。因为这件事，小刚还被校长表扬了。自打这件事后，小刚决定，以后一定要做一个正直的人，要敢于指出一些不公义的事。

正直、善良、忠诚的人是高贵的；丢弃了这一品格的人是低下的。做有品格的人，这是比金钱、权势更有价值的东西，也是成功的最可靠的资本。

自古以来，中国人就大致把生活中的人分为两类，一类是君子，另一类是小人，并常常用"君子坦荡荡，小人长戚戚"来形容二者最为明显的区别。那到底什么是君子，什么是小人呢？关于他们的划分标准有很多，其中，是否正直、坦荡则是最重要的标准之一。当一个正直坦荡，让人尊敬的君子，便成为其做人的最高奖赏。

相信任何父母都希望自己的儿子能在未来社会成为一个人人敬佩的君子，但我们也听到一些家长反映：儿子好像学坏了怎么办？尤其是在接触一些社会青年后，开始怀疑家长的教育观念。对此，我们父母一定要对男孩进行引导。成长期的男孩容易学坏，如果我们听之任之，那么，很可能会让男孩因为疏于管教而误入歧途，让其后悔终生。

引导男孩树立正确的是非观念，家长要做到以下几点。

1.引导男孩树立正确的是非观念

可能有一些男孩孩会产生疑问，我现在才十几岁，现下的主要任务是学习，其他事应该充耳不闻。其实不然，我们每个人，都应该在心里树立一杆秤，对于是非黑白，一定要有辨别能力，这是任何一个社会人应该有的责任心，男孩也不例外。

因此，尽管现阶段的男孩还是个孩子，但他们也应该学会辨别是非。我们要告诉男孩，当你发现有人违背原则，你也应该及时制止,把责任心传递给周围的人。

2.培养男孩的好习惯永远都不算晚

可能有些男孩会说,随着年纪的成长、经历的增多,谁能真正做到不染世俗、一身正气?对此,我们要告诉男孩,这二者并不冲突。我们要从现在开始,就养成良好的行为习惯,如守纪、守信、守法,坚决不骂人、打人、偷东西、毁坏公物、随地大小便、扔垃圾、墙壁上乱画乱抹、霸道、自私等,不要小看这些,日积月累,当男孩长大后,他们就会形成自己的一套做事原则,即使他们饱经世事,他们也不会因此变得圆滑、世俗,而是依旧秉持着正直坦荡的做人原则。

总之,男孩在少年时就一定要赶快积累知识和财富,但同样也要注重德行的修养。我们父母要着力培养男孩明辨是非的能力,一个能明辨是非的男孩绝不是一个自私、狭隘的男孩,这样的男孩才不会活在自己的小世界里,会立志对国家和社会做贡献,长大后才会有出息。

引导男孩树立正确的道德观

星星今年初一了,周末这天早上,妈妈带星星去新华书店买学习资料。在过马路的时候,星星和妈妈看见一个老爷爷颤颤巍巍地拄着拐杖，也好像要过马路的样子，妈妈说："星星你去扶一下老爷爷吧。"

"我才不去呢，你看他那么脏。再者，马路上这么多人，会有人帮忙的……"星星很不情愿地说。

"你这孩子，怎么会有这种想法呢？助人为乐是中华民族的传统美德，而且，帮助一个年迈的老爷爷更是理所应当，这也关系到一个人的道德问题。"星星被妈妈说了一通后，有点不好意思了，赶紧跑过去把老爷爷扶过了马路。

古人云："听其言，观其行。"就是说，我们可以通过一个人的言行，对其道德品质和价值取向做出大致的判断。的确，我们的言行是我们内在文化素养和道德品质的显现，在家庭教育中，我们有必要对男孩着力进行这一方面的培养，然而，我们却发现，一些男孩到了十几岁以后，本应该变得懂事，但却和案例中的星星一样，变得冷漠、自私，不免让人唏嘘。

事实上，男孩只有形成正确的价值观，才是可爱的、受人欢迎的男孩。

与自私、冷漠相对应的是爱心，何谓爱心？爱心，是以热情开朗的性格和对人、对物、对事的一贯关心的态度。爱心，就是能设身处地地考虑别人的处境，能体察别人的心情，也能感受到别人的欢乐、痛苦、烦恼、失望之心。有爱心是一种美好的品质。因此，作为父母，要从小维护男孩的爱心，那是使一个人任何时候面对任何人都能堂堂正正的根本，也是让男孩永远纯正的坐标。为此，父母要记住以下几点。

1.让男孩学着去热爱生活

一个热爱生活的男孩才会真正的快乐，才会有高尚的品格，对此，作为父母，我们要放开男孩的手脚，让男孩自己寻找生活乐趣，做他自己想做的事情，尽情享受人生的一切，并让孩子在与父母的交往中获得快乐。

2.让男孩学会关心他人

我们教育男孩有爱心。就要教导男孩从关心你周围的人开始培养，一个人，只有先学会了关心自己最亲近的人，才可能真正去"博爱"，才可能爱其他人。因此，在生活中，如果男孩老师生病了，他的朋友遇到了一些困难，我们父母都要告诉男孩，千万不要袖手旁观，给予对方实在的帮助并加以安慰。

再如，我们可以引导男孩主动帮助左邻右舍干些力所能及的事；或在家长生日时，暗示男孩来表达对父母的爱。而当男孩付出行动后，以微笑的表情、赞扬的语气及时地给予表扬，能激起他产生一种关爱他人后的愉快的心理体验，并会产生不断进取的强烈愿望，以致逐步形成把关爱他人当作乐趣的相对稳定的健康心理。

3.让男孩学会感恩他人

一个懂得感恩的男孩才是真正的有爱心、热忱，当然，培养男孩感恩的心，我们需要从日常生活中着手。如我们可以引导男孩自己的衣服自己洗、自己的被子自己叠、自己收拾书包和房间等。

任何一个男孩都要学会付出爱，我们父母也要着力培养男孩的爱心，并落实在平时的点滴行动中！只有这样，才能培养出男孩友爱、待人热忱的个性，他才能收获美好的未来。

男孩虚荣心强怎么引导

磊磊今年11岁，是个很可爱的男孩，学习成绩不错，但却有一个毛病：虚荣心太强。记得有一次爸爸早下班，便开着自家的奥拓车去学校接磊磊放学。谁知磊磊上车后不高兴地对爸爸说："爸爸，你以后不要开车来接我了。"爸爸问："为什么呀？"磊磊说："你看其他同学家开的不是奥迪就是奔驰。"

不得不说，磊磊不是一个特例，这已经成了现代社会的一个普遍现象。尤其是出生在经济条件稍微好一些的家庭的男孩，从小就习惯了玩高档玩具，吃"洋"面包，穿名牌衣服，然后同学之间也相互攀比，比谁的衣服牌子更有名、谁的自行车最高档、谁爸爸的车更气派。

虚荣心是一种常见的心态。但虚荣心对男孩的成长具有很大的妨碍作用，最重要的是，男孩虚荣心，有碍真正的进步，甚至会形成嫉妒成性、冷酷无情的性格。

作为父母，我们要从生活中开始关心孩子，对于孩子过于讲究穿着的现象不能掉以轻心，任其自然，更不能盲目迁就，助其发展，而应该加强对男孩进行健康的审美教育，正确引导，帮助他们克服不良消费观念和消费行为，形成正确的消费观念和消费行为。

为此，教育心理学家给父母这样一些建议：

1.以身作则，提高男孩的审美情趣

男孩的很多行为观念是受父母耳濡目染的，尤其在审美情趣上，如果父母也盲目追求名牌或者奇装异服等，男孩自然上行下效，如爸爸可以告诉儿子："这件衣服虽然不贵，但你穿上很帅气！"这样，儿子就会认为，不一定贵的衣服才好看。

另外，现在很多家长有炫富心理，认为现在生活条件好了，不必省吃俭用。孩子是自己的招牌，让孩子吃好、穿好，面子自然就有了，其实，这也是对男孩的思想观念的一种误导。

2.转变男孩的攀比兴奋点

男孩有攀比心理,说明他内心有竞争意识,想达到别人同样的水平或者超过别人。家长要抓住这种上进心理,改变男孩比吃、比穿的消费倾向,引导男孩在学习、才能、毅力、良好习惯等方面进行攀比。

3.让男孩明白应该把焦点放到学习上

作为父母,应该教育男孩集中精力搞好学习。要通过教育,使男孩明白自己是一名学生,而学生的主要任务是学习,应该把主要精力放在学习上。若男孩攀比,你可以告诉他,他应该与同学比成绩、比品德等,而不是比吃穿,以德服人才是真正的优秀。这样,男孩就会把攀比的焦点放在学习上了。

4.引导男孩逐步充实内在,淡化虚荣心

有些父母认为,学习阶段的男孩的主要任务就是学习,这无可厚非,但千万别把所有的焦点都放到男孩的成绩上,我们也要引导男孩充实内在,这样他才不会盲目与人攀比,如你可以为男孩购买一些能充实孩子内心的书籍,这样,男孩就不是一个"绣花枕头"。

其实,不只是我们的儿子,我们成人也有虚荣心。良性的攀比能使人奋发。但男孩如果不经父母的帮助和指点,很容易盲目攀比而误入歧途。因此,家长要引导男孩,不要让男孩在物质上比,而是要比做人的本领、比对集体的奉献、比各自的理想、比自己的特长，在这样一种良性的竞争中，你的儿子一定会健康地成长！

男孩有偷盗行为，父母如何教育

刘先生最近很头疼，因为他的儿子刘晓在学校偷同学东西已经几次被老师发现了。老师将刘先生叫到了学校。

刘先生感到纳闷的是，平时没少给孩子零花钱，孩子怎么会偷窃呢？

事情是这样的：

一次课间时间，刘晓的同桌拿出他爸爸刚给他买的儿童手表把玩，刘晓很好奇，想借过来玩一玩，但同桌不肯，刘晓很生气，就产生了偷过来的想法，所以，趁着同桌去卫生间的时间，他从同桌书包中偷了过来，而回家后，这孩子才发现自己的东西不见了，第二天，看着同桌很着急的样子，刘晓得意极了。

从那次之后，刘晓就产生了一种很奇怪的心理，他觉得别人拥有的东西，只要稍稍想点办法，就能得到，这样的感觉很好。

刘先生听到儿子的阐述后，打了儿子一巴掌，谁知道儿子哭着反驳道："偷点东西怎么了？"听到儿子这样反问自己，刘先生愣住了，他想，一直以来，可能是自己只顾着让儿子努力学习，而忽视了对他的道德教育。

不得不说，其实，在生活中，像刘晓这样的男孩并不多，但却很有代表性。我们都知道，现代社会，很多男孩都是独生子，生活条件优越、长辈宠爱，都是以自我为中心，很少会替人考虑，他们的各种要求总是会被父母满足，于是，久而久之，对于他人拥有而自己无法拥有的东西，他们便会产生强占的想法，而这就是为什么我们发现青少年偷盗行为开始逐渐增多。因此，我们父母一定要让男孩明白尊重别人所有权的重要性，天下没有不劳而获的事情，千万别成为一个自私自利的人。

另外，我们在对孩子进行此方面的教育时，要注意方式方法，不能一味地训斥和责备男孩，这样做，只会伤害男孩的自尊心，甚至激发出男孩的对抗或报复心理，让男孩的偷盗行为愈演愈烈，或者让他失去自信心。

正确的教育方法是，我们要针对事情，而非人本身。明智的教育既能使男孩改正自己的不良行为，又能树立正确的道德观，保持良好的心态，增加对别人的关切之情。具体来说，父母可以从以下几个方面努力：

1.在日常生活中就对男孩进行道德教育

这一教育活动，必须在男孩很小的时候就进行，而不是在男孩成年后。我们要让男孩明白，我们都是社会的一分子，都应约束自己的行为，不给他人造成伤害。唯有如此，我们每个社会成员才可以享受平等、幸福的生活。

2.父母以身作则，给男孩树立行为模范

我们父母在生活中就要行得正、坐得端，绝不能有小偷小摸的行为，否则男孩只会有样学样。

3.引导男孩承认偷东西这一行为是错误的

男孩偷了别人的东西，要让他还回去，并且告诉他别人的东西不能随便拿，要承认自己的错误，向别人道歉，让男孩在成长过程中学会担当，并且会有效地杜绝孩子以后犯类似的错误。

4.引导男孩学会关心他人，尊重别人的所有权

我们可以告诉儿子，自己喜欢的、引以为豪的东西，可以请朋友参观，可以借给朋友玩，快乐就应该分享；而对于别人的东西，你不能据为己有，这些行为是错的、丑的，绝对不能这样做，学会控制自己的行动，并懂得为什么要这样。

如果男孩渴望得到某种东西，要告诫他可以向朋友借，但需要记住，好借好还再借不难，使用后如期如数归还，并道谢；当然，有些东西也可以通过购买获得，但无论何种方式，都必须是正当的。

总之,对于男孩的偷盗行为,我们父母不要给予强硬的管理,要让男孩明白自己的东西就是自己的,不是自己的东西就没有所有权,并对其进行道德规范教育,男孩是能逐渐改掉这一坏习惯的。

第7章

规矩意识：从日常惯例开始，让男孩懂规矩

中国人常说："没有规矩，不成方圆。"在家庭教育中，我们发现，男孩比女孩更调皮，更不好约束，而这就需要我们为男孩制定好行为准则，如按时吃饭、睡觉、做作业等。这样，才能帮助男孩提升自我约束力，才能形成良好的行为习惯，进而受益一生。

教育男孩，无规矩不成方圆

曾经，在美国，有一个11岁的小男孩，他在踢球时，不小心将球直接踢到了邻居家的窗户上，打碎了他们家的玻璃。为此，小男孩和邻居协商好，他必须向邻居赔偿13美元。这可是一笔不小的钱，小男孩为此很苦恼。

最后，他决定求助于自己的父亲，但没想到的是，父亲居然让他自己想办法。

"我哪有那么多钱赔给人家？"男孩非常为难。

"我可以借给你。"父亲拿出13美元，"但一年之后你必须还我。"

于是，为了偿还父亲借给自己的13美元，男孩必须开始艰苦地打工生活。经过半年的努力，终于挣够了13美元这一"天文数字"，还给了父亲。

这个男孩就是日后的美国总统里根。他在回忆这件事时说："通过自己的努力来承担过失，使我懂得了什么是责任。"

这里，我们发现，年幼时候的里根总统通过"足球事件"获得了成长。

从这个故事中,我们家长应该有所启示,男孩比女孩更调皮,所以惩罚的作用在他们的成长中是无法代替的,惩罚的一个很大的好处是:有利于培养男孩从小树立对自己的行为负责的观念。在社会中的每个正常人都必须对自己的行为负责,男孩也不例外。如果你做错了事或说错了话,就必须承担由于自己的错误所带来的各种后果。

俗话说:"国有国法,家有家规""没有规矩,不成方圆"。在家庭教育中,父母也应该为男孩制订一定的行为规则。制订规则有助于帮助男孩形成良好的行为习惯。

而让男孩形成良好的习惯,最好的方法就是制订规则。作为父母,想让男孩遵守规则,你要用行动,而不是冲着男孩吼叫或斥骂,也不是空洞的威胁。男孩犯了错,你生气、愤怒都无济于事,只有规则能让男孩对自己的行为负责,并逐渐培养男孩成熟的品质。而歇斯底里的叫喊只会让男孩从情感上远离你,甚至让你和男孩关系变得紧张,男孩自然不会服从你的教育。当然,在给男孩制订家庭规则时,以下几点是需要提醒父母们注意的。

1.明确告诉男孩为什么要立规矩

很多父母都有过这样的体会,男孩在家不太听话,有的男孩非常难管,父母要求他做的事要三番五次地催他,他才勉强做得到,可是入园或入学之后进入集体生活中时,孩子却变得非常乖巧懂事起来，到底老师使用了什么魔法让男孩变得听话了呢？那就是规矩！孩子还是那个孩子，只是他明白了只有守纪律，才能被认可，才会得到老师的夸奖与肯定，哪个男孩不希望被认可呢？即使他年龄再小，也都会有这方面的需求。这时男孩的心理需求和行为便会统一了起来，也就适时地遵守了规矩，所以有心要立规矩的父母，一定要用你最充分的理由告诉男孩立规矩的目的，每个父母使用的方法都不尽相同，但宗旨相同。

2.任何规则都必须无条件执行

遵守规则就必须无条件执行，无论是时间、地点变化，都不能例外。比如，在外面不能说脏话，那么，回家也是如此。今天需要遵守这条规则，明天也是如此。

当然，我们父母还必须明确的一点是，所有的规则不仅是立给孩子的，也是父母要严格遵守、以身作则的。

规矩与爱的统一，才能成就男孩美好未来

我们都知道，无规矩不成方圆，男孩在很小的时候，并没有明确的是非对错观念，此时，需要我们父母来进行约束和提醒，而如果我们放任男孩，就会导致他们为所欲为，一个没有

自制力与约束力的孩子，怎么能谈成人和成才呢？

还有一类父母，他们对男孩管得过严，他们认为"慈母多败儿""棍棒之下出人才"，所以采取严格管制的教育方式，而其实，这只会教育出唯唯诺诺、胆小怕事的孩子。

这两种观点听起来都有些道理，但问题就出在这些父母处理矛盾的方式不是综合考量，而是在走向极端。这种非此即彼的选择，必然会给男孩的成长造成负面影响。我们家长们有必要认识到：规矩和爱本来就是统一的。

在《家庭教育》一书中有这样一句话"有规矩的自由叫作活泼；没有规矩的自由叫作放肆；不放肆叫作规矩，不活泼叫作呆板"。听起来很拗口，但理解起来却不难："比如牧牛场，周围用铁栅栏围起来，牛在栅里吃草喝水，东奔西跑，这叫作活泼，放牛人不好干涉它；如果跳出栅外，就是放肆，就不得不干涉。不出栅，这就是规矩；如果在栅里，却不准它吃草喝水，或是东奔西跑，如此就是呆板了。"

同样的道理，如果我们给孩子的爱，造成了孩子的自私与懒惰，让孩子缺乏最基本的能力与教养，那这种爱就是贻害无穷的。相反，如果我们给孩子立的规矩，造成了家的淡漠和冰冷，让孩子的天性受到了压抑和扼杀，那么这种规矩就是毫无意义的。

那么，父母到底该如何立规矩呢，以下是三点原则。

1.有些事，不能惯

有家长说："家里有规矩，但孩子耍赖也没辙啊！"

这是很多家庭的通病：孩子不听你的原则，常常以哭闹、不吃饭来要挟父母。

这很大程度上是由于父母一而再，再而三地降低底线。

比如，和孩子约定好每天只玩半个小时iPad，但孩子一哭闹，大人就妥协了，于是又多玩了半个小时。

被惯坏的男孩有一个特点，就是他们的要求总是被满足。

第一次出现问题，大人就妥协，只会为自己和孩子的将来找来更多麻烦。

2.让孩子明白，自己的事尽量自己做

有的家长还认为孩子小，做事磨蹭，父母先帮孩子万事包办了，以后再培养也来得及。

其实在孩子的每个年龄段，都有他们自己力所能及的事情。

家长可以根据男孩的特点，告诉男孩什么事情是他自己要做的。

爱从来不是大包大揽，教会男孩解决问题的方法，而不是帮他解决问题，这才是真正的爱。

让男孩多做一些力所能及的事情，时间久了，他才会在成长中学会自立自强。

3.让男孩明白,他必须学会承担责任

绘本《我永远爱你》中就有这样的对话:

阿力:"如果我把枕头弄得羽毛满天飞,你还爱我吗?"

妈妈:"我永远爱你,不过,你得把羽毛收拾起来。"

阿力:"如果我把画画的颜料洒在妹妹身上,你还爱我吗?"

妈妈:"我永远爱你,不过,你得负责给妹妹洗澡。"

这个故事中的妈妈做得特别好,她不厌其烦地保证,"我永远爱你"。

同时又不忘强调:孩子,你要对自己的行为负责。你要尽可能想办法恢复或弥补你的所作所为带来的后果。

父母不能帮男孩逃避,而应该要求男孩为自己的错误言行承担后果,让男孩有面对错误的诚实和勇气。

作为父母,我们都爱男孩,但我们更有责任培养出男孩的好品格、好习惯,这也是我们的责任,而规矩与爱的统一,才能成就男孩的未来。

逐步培养男孩的规则意识

规则是我们在日常生活、学习、工作中必须遵守的行为规范和准则。幼儿期是萌生规则意识和形成初步规则的重要时期，著名教育家叶圣陶曾经说过："教育是什么？往简单方面说只需一句话，就是培养良好的习惯。"而良好的行为习惯建立在良好的规则意识和执行规则的能力上。

作为男孩的父母，我们对男孩从小进行规则意识的培养，帮助他们形成规则意识，也是培养健全人格、适应社会需要的人才的必要环节。

为此，我们可以做到以下几点。

1.结合男孩的生活建立常规，帮助男孩树立规则意识

男孩从早晨睁开眼睛到晚上睡觉，一天的生活当中，上下楼、如厕、盥洗、进餐、午睡等每个环节都离不开规则。培养男孩规则意识，首先应该让男孩知道，规则存在于我们生活的方方面面，需要我们了解并遵守。

由于男孩年龄小，理解能力有限，我们对男孩的教育要细致、明确、有耐心，要让男孩在理解的基础上逐步加深印象，要给男孩养成的时间。

只有通过不断的强化、不断的累积，结合严格的要求，才能让男孩做到持之以恒。

2.利用形式多样的游戏，帮助男孩了解各种规则

年幼的男孩年龄特点决定他们的游戏与学习是分不开的，富有情趣的游戏对孩子有很大的吸引力。

幼儿期是一个人身体、智力、情感和社会性飞速发展的时期，由于他们大部分时间是在幼儿园度过的，因此，在对他们规则意识的培养中，充分利用孩子的各类游戏，将孩子的规则学习与培养有机地融入孩子的游戏中，可以帮助孩子了解规则、巩固规则。

例如，表演游戏"公共汽车"，孩子扮成年龄、身份不同的乘客，在有情境的社会性游戏中，模仿生活中人们的语言、行动，体验人们对周围事物的感受，实践着社会所要求的行为规则，孩子在反复的游戏中了解了乘车的规则与礼仪，并逐渐会把社会的规则要求变成自己的主动行为，进而迁移到生活当中去。

3.创设环境，帮助男孩巩固规则意识

环境对男孩的教育起着潜移默化的作用，这是毋庸置疑的，因此，创设环境，营造氛围也是培养男孩规则意识的策略之一。

我们在男孩生活学习的活动室、游戏场、走廊、楼梯根据需要巧妙地利用标志、符号、图片帮助男孩子巩固已有常规，起到了很好的辅助作用。

当然，男孩规则意识的培养不是一蹴而就的，需要长期的坚持不懈，需要学校、社会、家庭的共同配合。

为男孩立规矩要营造良好氛围

不少家长都知道为男孩立规矩在其成长中的重要性，然而，一些父母却不知道如何立规矩，不少家长，一与儿子说话，就半端着家长的架子，甚至和孩子置气，孩子又怎么愿意与你沟通呢？因此，聪明的父母在立规矩前都会营造良好的氛围，让孩子把自己当朋友，这不仅有助于孩子接纳我们的规矩，对维持亲子间的良好感情关系也很有帮助。

周末，妈妈决定带小当出去郊游，就问小当是不是穿那件牛仔短裤。

"不穿。"小当脱口而出。

"你不是一直很喜欢这条短裤吗，之前就说等哪天郊游穿。"

"没什么，就是不想穿。"

妈妈想，这孩子怎么一会儿一个样，但她想想，孩子可能有什么心事，于是，继续引导："怎么了，我的宝贝，有什么不开心的事，可以跟妈妈说。"

"你别问了，反正我不穿这件。"小当妈妈看着儿子，儿子已经噙满了泪水，看来一定另有隐情。

"孩子，你这样妈妈很担心，你一直很爱妈妈的，不是吗？你也不想看到妈妈为你担心，是吗？"

"好吧，妈妈，我问你，我是不是长得很丑？"

"怎么这么说，你没听小区里阿姨叔叔都称呼你'小当帅哥'吗？我儿子不仅帅气，还待人温和、善解人意。"

听到妈妈这么说，小当笑了，主动招出了前两天遇到的事："妈妈，我们班好几个男生背后说我是小胖墩，我那天听到了，所以我不想穿短裤，我腿粗！"

此时，妈妈没有说话，只是搂着伤心的儿子。过了会儿，妈妈说："小当，妈妈想告诉你，我们每个人都长得不同，每个人眼里的美丑也不一样，并不是很瘦就好看，你比同龄的孩子高，所以看起来胖点，这没什么，而且现在是长身体的阶段，难免会长肉，身体素质是最主要的，一定要自信哟。"

小当沉默了几分钟，从妈妈怀中站了起来，平静地说："谢谢你听我说这些事，我们出发吧。"

从这个故事中，我们看到一对母子之间贴心的沟通过程，孩子不执行规矩、不听话，很有可能另有原因，我们父母需要去了解和沟通，而前提是我们应该营造良好的氛围，让孩子把我们当"自己人"，那么，我们该如何营造良好的立规矩氛围呢？

1.态度友善，语气温和

父母与男孩说话，最好避免用尖锐的语气和带有恐吓的声音，而应尽量对男孩微笑，用欢快、平和的语气与男孩沟通，这样一来，能让男孩感受到你的爱。

2.分享男孩的感受

无论孩子是向你们报喜还是诉苦，你们最好暂停手边的工作，静心倾听。若边工作边听，也要及时作出反应，表示出自己的想法或感受，倘若只是敷衍了事，孩子得不到积极的回应，日后也就懒得再与大人交流和分享感受了。

3.多用身体语言

作为父母，我们要让男孩感受到，无论什么情况，你都是爱他的，即使他做了什么错事。事实上，有时不说话，而利用身体语言，如微笑、拥抱和点头等，都可以让男孩知道你是多么疼他，不只是在他表现良好时。

同时，与男孩身体接触，能拉近与男孩之间的距离，不难发现，有些父母只是在男孩还很小的时候才会亲他们、抱他们，而孩子长大一点后便忽视了这一点。然而身体接触可以令男孩切身体会父母的关怀。同时也别忘了接纳男孩对你们的爱意。

总之，我们营造良好的氛围，就是要让男孩感受到，父母是理解他的，是能够从他的角度思考和解决问题的，是和他站在同一个立场的，这样男孩才愿意接纳我们的规矩和意见，并认真遵守。

告诉男孩，作业要独立完成

我们都知道，学习是学生的天职，而要学习就离不开做作业，作业是巩固学习知识的重要方法之一，而我们也发现，那些成绩优异的孩子在分享自己的学习经验时，都会提到独立完成作业这一点。同样，我们在辅导男孩功课时，也要为其定规矩：作业一定要独立完成，让男孩把每次的作业当成一次考试，因为只有专注，才会有高效率的成果。

有位妈妈在谈到自己儿子的学习心得时说："我的儿子并不是挑灯夜战的孩子，我告诉他，要提高成绩，就要注重作业，而做作业，一定要遵循两种原则：专注和限制时间。专注说来容易做起来却很难。我们可以培养孩子专注的能力。我们家很小，所以我的儿子每天都是趴在饭桌上学习的，他告诉我，饭桌上的香味往往很容易分散人的注意力，但他会不断给自己暗示，必须投入学习，心无旁骛，现在看来效果真的不错。限制时间是提高效率的另一个有效途径。平时作业就要训练自己在规定的时间里完成，到了考试才会从容不迫。"

从这位妈妈的话中，我们可以发现，独立作业对于男孩成绩提升的重要性，并且，男孩做作业，还必须养成专注和限时两种能力。

的确，如果你问：人在什么情况下才能不走神呢？只有当一个人被规定在一定时间内，要完成某一件任务时，这个人的注意力就会高度集中。考试基本功的好坏就在于平时对作业的态度。

因此，我们就应该对孩子的考试素养和习惯进行培养，我们要告诉男孩，在写作业的时候，也要对自己进行像考试一样紧迫的训练，那么考试的时候就感觉是在做平时的作业，考试就会很容易。

当然，独立完成作业，强调的当然是"独立"二字，作业不独立就完全失去了作业的任何积极意义，那就不如不做。此外，我们还要让男孩明确的是，一定要坚决反对那种单纯任务观点，为应付老师检查而写作业的不良习惯。作业实际上是课堂学习的继续，通过作业巩固课堂所学知识，检验课堂听讲的效果，培养自己独立思考、分析问题、解决问题的能力，提高学习的自觉性和积极性，当然作业中出现的疑难问题，在经过充分的思考、分析后可以向老师、同学请教或开展讨论，对作业中的错误，要及时分析错误原因。

可见，一个学生，只有做好作业管理，才有可能取得好成绩。而我们父母，就要与男孩订立规矩，力求孩子在做作业时做到以下两点。

1.限时

男孩回家要写作业，要记录学习的时间，要限时学习，否则就是超量，不要超过规定的时间，提高学习效率，方法要对，老师的知识吸收得怎么样就看作业时间了，所以要平时训练有素，每次越快越好，快而又准。

2.专注

要告诉男孩一定要坐得住，而作为父母的我们也不要打扰孩子，安静的学习环境，孩子才能专心学习。我们可以帮助孩子限时，要记录开始的时间，结束的时间，至少要四十五分钟别动地方，多数孩子学到半夜是因为学习效率太低，没预习，听不懂，翻资料，问别人，抄答案，写答案，花费时间长的原因还是不懂。

总之，我们如果能让男孩记住以上两点做作业的要点，相信你的儿子一定能从作业中有所收获！

年幼的男孩，要为其定饭前便后洗手的规矩

饭前洗手是一个好习惯。吃饭之前要洗手，这是一个重要的卫生习惯。俗话说："饭前要洗手，病菌不入口。"

对于年幼的男孩来说，他们除睡眠时间外，两只小手一刻

也不想闲着，看见什么都想摸一摸，拿一拿。有的孩子还喜欢在地上玩土，这样手上就沾染了很多病菌、病毒和寄生虫卵。如果吃食物前不洗手，拿起来就吃，手上的病菌就容易随同食物一起被吃入腹内。

大小便后要洗手，也是预防疾病的重要措施之一。因为，很多病菌是通过粪便传播的，尤其是肠道传染病，如痢疾、肠胃炎、肝炎，还有蛔虫、蛲虫病等。如果大便后不用肥皂洗手就去拿玩具，会把病菌转移到玩具上，再边玩边吃东西，或接着去吃饭，就容易传染上疾病，不但形成自身的反复感染，还会传染给其他人，可能使病情迅速蔓延。

那么，父母如何给孩子立规矩，让孩子养成饭前便后洗手的好习惯呢？

1.父母以身作则，和男孩一起遵守规矩

孩子的卫生习惯都是从小形成的，与家长的态度和家庭习惯有很大关系，只要我们自己不偷懒，自觉起到榜样作用，你的儿子一定能潜移默化地形成良好习惯。

2.逐渐引导男孩认识洗手的必要性

告诉男孩为什么要洗手，告诉男孩什么是细菌，如果不洗手，手上的细菌就会随着食物进入肚子，就会因为吃进不洁的东西导致生病。有条件的家长，可以带男孩通过显微镜观察，认识人手上的细菌，帮助孩子了解洗手的重要性。如果家长能详细地给孩子解释，相信他们能明白，会慢慢养成良好的习惯。

3.耐心提醒

男孩比女孩更贪玩，忘记洗手很正常，我们要耐心提醒，不要因为孩子不愿意洗手而采取迁就的态度，因为如果家长不时刻提醒，孩子就会以为这件事不重要，渐渐忘记要去做了。

4.日常监督

家长平常要做到饭前便后要洗手，外出回家后要洗手，要言传身教效果才会好。对于孩子呢，我们在孩子吃饭前、玩玩具后、便后等情况，要督促他去洗手。

5.教给男孩正确的洗手方法

家长应教给男孩正确的洗手方法：先用水冲洗手部，将手腕、手掌和手指充分浸湿后，用洗手液（或香皂）均匀涂抹，让手掌、手背、手指、指缝等处都沾满丰富的泡沫，然后再反复搓揉双手及腕部，最后用流动的水冲干净。孩子洗手的时间不应少于30秒。

6.调动男孩洗手的积极性

我们可以用儿歌或游戏等方式教男孩养成洗手的好习惯，也可以通过讲故事的方式告诉男孩为什么要洗手，不洗手、不讲卫生会有什么后果；还教会男孩唱《洗手歌》："掌心对着掌心搓，手掌手背用力搓，手指交错来回搓，握成拳头交替搓，拇指握住使劲搓，指尖放在掌心搓。"家长和孩子一起边洗边唱，让孩子学会正确的洗手方法。

另外，在男孩不需要大人提醒而饭前便后洗手时，我们应及时表扬，强化他们正确的行为，久而久之，饭前便后洗手也会成为男孩生活习惯的一部分。

制订规矩，引导男孩养成早睡早起的习惯

最近，冲刺中考的小波总觉得自己时间不够用，生怕自己考不好，不能进省重点高中，于是挑灯夜战，想抓紧最后一段时间多复习点，可由于休息不够，导致精神萎靡，心神不定，上课也提不起精神，为此，小波妈妈很担心。

在生活中，不少男孩和案例中的小波一样，认为只有抓紧时间学习，不放过每一分每一秒，尽可能地多学习东西，才能学习好，其实这是一种误解。因为休息不好，会对眼睛、大脑不好，因为睡觉就是要自己的左半脑休息的，如果休息不好就达不到休息的目的。反而，休息不好这一整天你会觉得全身无力，提不起精神。

作为休息的方式之一，睡觉，对于人体的休息有很大的作

用。第一是消除体力疲劳，第二是消除精神疲劳。另有一种观点认为，睡眠的主要功能是恢复大脑的疲劳。人的一生中，将近三分之一的时间是用于睡觉的。刚出生的婴儿几乎每天要睡20个小时；即使成年后，每天至少要睡6~7小时。

事实上，我们父母都希望男孩努力学习，但加班加点，牺牲休息时间，完全不顾自己的身体这种做法有损身体健康，又没有效率，往往事与愿违。对此，作为父母，我们应该结合男孩的生理承受力，为男孩科学地安排作息时间。即使男孩学习紧张，紧张中也要有松弛，劳逸结合，这才符合人的心理生理规律。我们可以制订规矩，让男孩在学习之余，打打球，唱唱歌，去郊游等，紧张的心情得以放松，压力自然也就得到缓解。同时，广泛地培养兴趣，让男孩做一些舒心的事，也都有利于减轻压力。

那么，我们如何制订规矩，引导男孩养成早睡早起的习惯呢？

1.规定男孩每天要保证8小时的睡眠

我们要为孩子规定，晚上不要熬夜，定时就寝。中午坚持午睡，充足的睡眠、饱满的精神是提高学习效率的基本要求。

2.早睡早起，全家人动员起来

有必要的话，父母可以和孩子一起养成早睡早起的习惯，最好全家人都动员起来，以营造良好的环境、氛围来协助孩子调整好生物钟，只要生活有规律了，无论什么季节，孩子都能拥有健康、元气饱满的每一天！

3.告诉男孩要睡好午觉

我们不要忽视午觉的作用。在午餐和晚餐中间，一般人都会觉得头昏脑涨，思路缓慢，好像也不太能集中精神，这是人正常的生理反应。越来越多的证据显示，在经过半天的活动之后，有一股力量会驱策我们休息一下，同样，对于学习阶段的孩子来说，更应重视午觉的作用，过度的用脑会对大脑发育有不利影响，也不利于下午的学习。

4.注重饮食规律，协助睡眠调整

饮食也会影响睡眠，如果晚餐吃得过饱或摄取热量过高的食物，孩子可能会出现肠胃不适，或者精力过于充沛，都会导致睡眠质量不好，如此的恶性循环，不只对于孩子的健康十分不利，对成人也一样，因此，我们和男孩都要注重早餐吃饱、午餐吃好、晚餐吃少的原则。

5.为男孩制订生活作息规矩

给男孩制订一个生活作息制度，每天什么时间干什么，给男孩讲清楚，没有特殊情况不要变动。

另外，我们父母也要以身作则，坚持早睡早起，不能一到周末就玩至深夜，周日早上全家人都赖在床上不起来，这样很难使男孩养成良好的睡眠习惯。相信时间长了，孩子会养成遵守作息制度的好习惯的。

当然，养成好习惯不是一天两天的事情，需要我们用耐心引导，一定不能操之过急。

引导男孩严格遵守交通规则

现代社会，随着人们物质生活的逐步改善，道路上的车辆越来越多，交通事故也常有发生，其中儿童遭遇车祸的情况也不少。同样，我们父母教育男孩，也要教育男孩了解和遵守交通规则，这是非常必要的。

有人认为，交通规则规定，6岁以下的儿童上街应该由大人带着，对他们讲交通规则有什么用？其实，即使大人不带着小孩上街、坐车，也应该把上面所说的那些交通规则告诉孩子，因为孩子总是要长大的，总要独自出门，让男孩们早点了解和遵守交通规则，总比等他们独立活动时再急急忙忙地告诉他们更有利。何况，幼儿有时和小朋友一起闯到街上或者在街上与大人走散的可能性也是有的，让他们平时了解一些交通规则，在他们独立活动时肯定是用得着的。

教男孩了解和遵守交通规则，并让其遵守交通规则，要多用具体生动的方法。具体来说，我们父母要做到以下几点。

（1）家长要熟悉应该让男孩了解的那些交通规则的内容。例如，"红灯停、绿灯行""行人要走行人道，没有行人道的要靠边走""行人过马路要走人行横道线，没有横道线的地方要先看左，后看右""不要在街道、公路上追跑打闹""坐车时不要把头手伸出窗外"，等等。

（2）父母以身作则，为男孩树立遵守交通规则的榜样。孩子不同于成人，仅靠说教也许不能引起他的注意，因此父母要将这些道理反复地向他们讲，并且要以身作则，自己坚持不闯红灯，过马路一定要走斑马线，用自己的行为给男孩做出好的榜样。

有位父亲过马路的时候总是爱闯红灯，受他影响，儿子也常常喜欢在车辆中穿行而过，不肯等绿灯亮起再过马路。有一次，他和父亲一起过马路，车辆稍微少了一些，男孩就迫不及待地挣脱父亲的手跑了出去，这时正好有一辆车开过来，男孩倒在了血泊中。

如果父母经常对男孩进行交通安全教育，给他讲一些交通安全的规则；如果父母在过马路时给孩子做出了好的榜样，流血事件就不会再发生了。正是父母的大意和放任，让天真活泼的孩子受到了原本可以避免的伤害。

（3）在具体的交通行为中为孩子讲述如何遵守交通规则。例如，在公共汽车上，对孩子讲为什么不应把手和头伸出窗外，小孩的印象就深。走人行道、横道线等规则，也要在带小孩上街、过马路的时候边走边对他讲。另外，还要注意告诉小孩，交通规则就是为了避免出事故才规定的，只要遵守交通规则，就可以保证安全；千万不要为了引起小孩注意，故意夸大其词地吓唬小孩，以免男孩以后一上街、过马路就紧张，反而更容易发生事故。

（4）父母要告诉男孩，即便车辆不多，或者没有车辆，也不要闯红灯，不可心存侥幸。

（5）父母应该提醒男孩，过马路不仅要看信号灯，还要注意左右看，观察周围是否有车辆通过，因为有些开车的司机会不遵守交通规则。

（6）当男孩学会了如何过马路后，父母还应告诉他，过马路时在保证安全的同时应加快步伐，迅速通过，以免遇到绿灯突然变红灯的情况。

（7）有时即使遵守交通规则也会遇到某些意外情况。比如，过马路时绿灯突然变成红灯，父母要告诉男孩，遇到这种情况千万不可强行通过，更不能与车辆"赛跑"，这样极易引发交通事故。最好待在原地不动，并时刻注意身边通过的车辆，以免被剐蹭到，等绿灯亮了之后再通过。

第8章

习惯养成：让男孩学会掌控自己的行为

生活中，我们经常听到有些家长抱怨自己的儿子不能控制自己：花钱大手大脚、做作业马虎了事、爱吃零食、总是拖延……说到底，孩子缺乏自我控制能力，而其实，这是男孩学习和生活习惯不好的表现。对此，父母要明白，男孩自我控制能力的形成有一个过程，长期有意识地帮助男孩学会自制并形成习惯，对于他们以后的成长和发展有极其重要的积极作用。

培养男孩抵制诱惑的能力

要在这个世界上生存，就会接触到来自各方面的诱惑。而对于成长中的男孩来说，他们对周围的世界都充满好奇，也正是因为好奇，他们更容易在诱惑面前缺乏自控能力，很容易步入误区，这就需要我们父母的教育与引导。现代社会，大部分家庭因为男孩是独苗苗、独生子，害怕男孩受到任何伤害、吃一点点苦，于是包办孩子的一切，但家长忽略了诱惑的存在，温室中长大的孩子对诱惑没有辨别力，更谈不上抵制诱惑了。

这些诱惑是不易抗拒的，因为它们能给人带来巨大的满足和快乐，可以从长远立场看，它们造成的损失与痛苦远远超过了暂时的满足。所以，孩子必须抗拒诱惑；也只有抗拒诱惑，才能走向成功。

那么，作为家长，该怎样帮助孩子抵制诱惑呢？

1.引导男孩了解生活中有哪些诱惑

一切可能让自己偏离方向，产生不良后果的，都应该抵制，如色情信息、江湖义气等。

2.要让男孩知道为什么要抵制诱惑

不抵制就可能沾染不良习气，就可能受到伤害或者伤害别人，就可能产生不良后果而影响自己的生活甚至以后的人生。

3.要让男孩知道怎样抵制

这也是最为重要的：要从内外两方面抵制，既要抵制自己的不当想法和不良行为，又要抵制外界对自己的不良渗透和诱导。具体说来，父母应该引导男孩做到以下几点。

（1）引导男孩学会感恩，以此抵制自私自利。自私自利的男孩更容易被诱惑。自私自利会让男孩变得一切以自己为核心，而不顾及别人的感受。长期如此就会培养出损人利己的个性，就会诱发出很多不良习惯，并造成诸多难以挽回的后果。让男孩认识到哪些是来自家庭和社会各方面对自己的帮助、关爱和恩惠，并懂得用一颗友善的心来感恩、回报。这将培植出更能令外界接受的人格魅力，有利于日后人际关系的确立和自身的发展。

（2）培养男孩的责任心，以此抵制放纵任性。男孩放纵任性大多是因为缺乏责任教育。很多男孩不知道自己来到这个世界上，是有使命、有责任的。要让男孩知道对自己、对家庭所担负的责任，知道自己不恰当的行为会出现不良的后果，并必须为此承担一定责任。男孩的责任感强了，放纵和任性心理就会削弱，就会在主观上要求自己避免做出出格的事情。

（3）培养男孩的爱心，以此抵制施害作恶。孩子的本性都是好的，告诫男孩不当行为会给别人带来痛苦，并会使自己背负罪责。引导孩子用善良和慈悲心对待事物，为人处世尽可能换位思考,多考虑对方的感受,多考虑是不是会伤害到别人的利益。只有努力使自己做一个"己所不欲,勿施于人"的人,才能让自己远离罪恶,减少过错。

(4)培养男孩强有力的意志品质。男孩抵制不住诱惑,主要是缺乏顽强的毅力和想去抵制的意愿。抵制诱惑和不良渗透,也是磨砺男孩意志品质的一个过程。诱惑越大,需要的抵制能力就越强,抵制住则证明男孩的毅力和意志够坚强。帮助男孩培养顽强的毅力和坚强的意志,才能更好地抵制诱惑,才能避免被"拉下水"而出问题。

所以,家长要帮助孩子树立必胜的信念,增强他们抵制诱惑的信心,久而久之,男孩对诱惑也就有了一定的免疫力了。

引导男孩控制自己的欲望

我们都知道,人的欲望是无限的,但作为一个身心健康的人,一般都能控制自己的欲望,而被欲望控制的人将没有幸福并且虚荣,控制自己的欲望,需要从小学习。否则,年龄越大,越难控制。作为父母,我们在教育男孩的时候,也要引导男孩明白,要靠自己的双手获取幸福,脚踏实地、一步一步一个脚印地追求梦想,而不是被欲望控制,成为欲望的傀儡,具体说来，家长可以从以下几个方面帮助孩子控制自己的欲望。

1.告诉男孩：凡事有度

这主要是让孩子进行心理暗示，让男孩体会到控制欲望从而拥有幸福感的快乐。相反，也要让男孩学会对比，要告诉男孩，不能买的东西，就是不买。不能因为男孩的任性就满足孩子。要告诉男孩，有些时候，想要的东西，不一定就非要得到。不该要的东西，就不能要。让男孩知道，有些欲望是不能满足的。

2.通过激励的方法，锻炼男孩控制欲望的能力

家长可以采取适当的奖励来鼓励已形成的自制能力。当男孩有了好的变化时，如果得不到及时的关注和激励，这种行为可能会退缩，回到原来的状态。

家长可以采取以内在奖励为主，外在的物质奖励为辅的手段来对男孩进行奖励。

内在的奖励，如用真诚的赞赏的语气对男孩说："你真的长大了，如果你坚持下来的话，你一定会成功的！"尤其是那些平时很少跟男孩交流的家长，家长的关注会让男孩更加坚定上进的信心。

外在的物质奖励，不要过于频繁，而且最好用于结果而不是过程。比如，当男孩通过一段时间的努力，不再对购买玩具有强烈的欲望时，你可以对他进行适当的物质奖励。

3.家长要帮助男孩设立适宜的目标

这有利于让男孩形成一种满足感、成就感，这对于帮助男孩控制自己的欲望也是有帮助的。

当然，男孩的自我期望要建立在符合自己的实际情况、切实可行的基础之上。男孩应该有理想、有志向，但这种理想和志向，不能是高不可攀的，也不应当是唾手可得的，而应该是通过一定的努力，可以实现的适宜的目标，应该符合个人的个性特点和实际能力水平。

从心理学的角度讲：为了要达成一个大的目标，不妨先设定一个小的目标，也就是阶段目标，这样会比较容易操作和实现。因为许多人会因为目标过于远大，或理想过于崇高而心灰意冷，从而放弃追求，这是很可惜的。

家长应该从中吸取教训，可以帮助孩子设定阶段目标、近期目标，男孩便会很快获得令人满意的成绩，在他逐步完成自己的小目标的过程中，他自己就同时有了很强烈的心理满足感，心理压力也就会随之减小，纵然是大目标，经过个人的努力，也总有一天一定会实现。

但家长要注意，帮助孩子学会控制自己的欲望，这是一个循序渐进的过程。

比如，男孩平时每天要玩2个小时，就是不想学习，那么，在第一周，你可以让他每天学习1个小时，少玩15分钟，倘若做到这一点的话；第二周每天学习一个半小时，少玩20分钟，再做到这一点的话，就可以每天学习2个小时，少玩30分钟。当行为变成一种习惯时，这种控制欲望的自制力也就自然而然地形成了。任何坏习惯的改变或好习惯的形成都可以采取这个方法。

请记住，循序渐进，有利于培养男孩的自信心，并且不会给男孩造成过大的心理压力，使他们能轻松地锻炼自制力！

浮躁是男孩成长中的大敌

在生活中，无论是成人，还是孩子，如果能安下心来认真做一件事情，就没有做不好的。而浮躁则会让我们心神不宁、盲目行动，在家庭教育的过程中，我们发现，一些男孩在学习和做事过程中容易心浮气躁，对此，家长必须予以纠正，因为只有自制力强的孩子才有更强的自觉性。

可以说，浮躁是男孩成长路上的大敌，如有的男孩看到歌星挣大钱，就想当歌星；看到企业家、经理神气，又想当企业家、经理，但又不愿为了实现自己的理想努力学习。还有的孩子兴趣爱好转换太快，干什么事都没有常性，今天学绘画，明天学计算机，三天打鱼，两天晒网，忽冷忽热，最终一事无成。

为了改变男孩的浮躁心理，父母应指导孩子注意以下问题。

1.引导男孩树立长远理想

父母在帮助男孩树立远大理想时，要注意两点：

一是立志要扬长避短。有的男孩立志经常不考虑自身条件是否可行，而是凭心血来潮，或看到社会上什么挣大钱，就想做什么工作。这种立志者多数是要受挫的。父母应该告诫男孩，根据自己的特点来确立目标(最好和男孩一起分析孩子的特点)，才会有成功的希望，千万不要赶时髦。

二是立志要专一。

2.有针对性地"磨炼"，提升男孩的耐力

父母可以采取一些措施，有针对性地"磨炼"男孩的浮躁心理，磨炼耐力的方法有很多，如书法、下棋、绘画等，有助于培养男孩的耐心和韧性。此外，还要指导男孩学会调控自己的浮躁情绪。例如，做事情时，孩子可用语言进行自我暗示，"不要急，急躁会把事情办坏""不要这山看着那山高，这样会一事无成""坚持就是胜利"。只要男孩坚持不断地进行心理上的练习，孩子浮躁的毛病就会慢慢改掉。

3.身教重于言教，父母首先要改掉浮躁的毛病

父母首先要为男孩树立勤奋努力、脚踏实地工作的良好形象，以自己的言行去影响孩子。其次，鼓励男孩用榜样，如革命前辈、科学家、发明家、劳动模范、文艺作品中的优秀人物以及周围的一些同学的生动、形象的优良品质来对照检查自己，督促自己改掉浮躁的毛病，教育培养其勤奋不息、坚忍不拔的优良品质。

总之，要培养一个认真努力的男孩，就必须要重视对其意志力的培养，温室中的花朵不知道做事的艰辛，更不明白只有努力付出才有回报。

培养男孩储蓄的习惯

小贝已经上四年级了，可还是花钱大手大脚，为了改掉儿子这个坏毛病，妈妈决定与儿子签订零花钱合同。于是与儿子协商后，他们起草了这份合同。

小贝零花钱合同：

1.妈妈每个月的第一天给小贝300元零花钱，由小贝自行支配，提前花光不能够再向父母索要。

2.零花钱包括平时小贝买零食的费用、买文具的费用，如需买课外读物，妈妈和小贝各付一半。

就这样按着合同严格执行两个月之后，妈妈发现，儿子花钱开始有计划了，现在很少买那些没用的东西了。

"授人以鱼，不如授人以渔"，与其为孩子准备金山银山，不如让他们拥有理财技能，从储蓄开始，这是教孩子理财敲门砖，积少成多，定期定额。

实际上，我们父母，在男孩很小的时候，就应有意识地培养男孩的理财，尤其是储蓄的能力，指导孩子熟悉掌握基本的金融知识与工具。从短期效果看是规定男孩不乱花钱；从长远来看，将有利于男孩及早具备独立的生活能力，使其在高度发达、快速发展的时代中，具有可靠的立身之本。

培养男孩的储蓄习惯，是孩子树立正确金钱观的重要部分，具体来说，父母可以引导以下几点。

1.从小培养男孩的储蓄观念

例如，有的小孩喜欢吃冰激凌，如果买一个要花5元的话，家长就告诉他："你想吃，可以，但是今天只能给你2.5元，等到明天再给你2.5元，你才能买来吃。"这就是孩子储蓄观念的萌发。又如，平时给孩子一些钱，或者让孩子得到一些劳动报酬。家长则帮孩子在银行开一个存款账户。

2.做到家庭经济透明，让男孩明白钱财来之不易

因为辛苦钱最值得珍惜。家长可以说："孩子，当爸爸还是大巴司机时，微薄的薪水仅够家里紧巴巴的开支。但你们是否觉得，那时买的巧克力特别香、糖特别甜、玩具更好玩，有

没有感到钱的珍贵？"以情动人，孩子幼小的心灵必定有了节俭和储蓄的萌芽。

3.帮男孩建立自己的银行账户——给他有限的自由

当男孩们对于金钱还没有完全的掌控能力，家长又想给他们一定的理财自由以培养理财兴趣，当这两种需求结合在一起时，孩子的银行账户就形成了。

父母可以让男孩持有副卡并设置自己的密码，使男孩感受到一定的自由。家长持有主卡来遥控副卡，通过主卡对男孩日常花费有所了解。平时在父母给予的上限金额内，男孩可以自由支配银行卡中的金额。

另外，定期让男孩看到自己储蓄账户的金额，给他制订一些小计划，让他体会到成就感和储蓄的收益。加上不断地为他实施"小恩小惠"的奖励，让他养成节俭并有计划的消费习惯，学会储蓄。储蓄账户可以算得上是激发男孩理财兴趣的第一步。

此外，金钱观是价值观中重要的一部分，正确的金钱观更是帮助孩子拥有良好品质的重要内容，激发孩子的储蓄的兴趣，还有利于培养男孩的理财能力。现代社会，理财能力的高低，已逐渐成为判定一个人能力大小的重要方面，因此，激发男孩的储蓄兴趣、培养男孩的储蓄习惯，是培养男孩各方面能力的良好开端！

让男孩养成预习和复习的习惯

很多父母感叹养儿不易，当他们还小的时候，父母为男孩的饮食起居、行为习惯操碎了心，而到孩子进入学校之后，又要为他们的学习操心，其实，要想让男孩高效地学习，学习方法的正确与否至关重要，其中，必不可少的一个环节就是预习和复习。

科学的学习，需要遵循课前预习、上课认真听讲，课后复习的"三步走"，这是最朴素也最经典的学习过程。只有提前预习了，上课才能带着目的性去听讲，有的放矢，更高效地去吸收知识，而不会被老师牵着鼻子走；课后一定要及时巩固复习，复习得越及时，知识就掌握得越快越牢固。

那么，家长该怎样帮助男孩做好预习和复习，成为孩子的家庭教师呢？

第一，预习方面。

"磨刀不误砍柴工"，在学习中，预习就如同"磨刀"。预习很重要，但前提是必须要有科学的预习方式，如果预习不得法，有时反而会适得其反。父母监督男孩预习，可以运用以下两个方法。

1.引导男孩跟随老师课程的步伐进行预习

家长可以告诉男孩，在制订自己的预习方式时，最好先想想老师的上课方式是怎么样的，或索性直接去问一下老师，怎么样预习。

因为预习的目的是课堂能听得更好，而课堂计划是由老师来制订的，所以孩子的预习也要与课堂配套起来。

2.辅导男孩将预习与习题配套进行，以便帮助查缺补漏

这就意味着，男孩在认真投入学习之前，先把要学习的内容快速浏览一遍，了解学习的大致内容及结构，以便能及时理解和消化学习内容。当然，这要注意轻重详略，在不太重要的地方可以少花点时间，在重要的地方，可以稍微放慢学习进程。

另外，父母在男孩预习前，可以给孩子购买一本与课本配套的练习册，买练习本时要选择有详细解答过程的，这样有助于男孩理顺思路，做错了也能弄明白为什么错，对于不懂的地方就要做出标记。

第二，复习方面。

与预习相对应的，就是复习的话题。很多男孩一听到复习，就会认为是期末大考前的复习，其实这样理解太片面了。还有一项复习工作，那就是平时的日常复习。只有做好这两方面的工作，孩子才会取得一个很好的成绩。父母可以指导男孩掌握以下复习要点。

1.复习当天内容

要求男孩听讲之后尽早进行复习,这样可减少遗忘。同时可使新知识联系起来,搞清楚知识前后的联系和规律。

2.综合运用多种形式的复习方式

复习是对信息的重新编码,可采用看、听、记、背、说、写、做等多种形式复习整理知识,不必一味机械重复。科学指出,复习的效果在于编码的适宜性,而不在次数。

3.复习单元内容

复习单元内容一般在测验和考试之前进行,这种复习重点领会各知识要点之间的联系,要抓重点和难点,并使知识系统化、结构化。

对错题进行再次练习被证明是提高成绩的法宝。

4.充分利用假期时间巩固和复习

每年的寒暑假及劳动节、国庆节学生闲暇时间较多,家长可以督促和提醒男孩,除完成作业外,还应适当复习,防止遗忘。

在节假日,男孩还可以适当阅读课外书,加深和拓宽对知识的理解、巩固和运用。

总的来说,我们家长在督促男孩学习的时候,也一定要让男孩养成预习和复习的好习惯。

预习和复习的时间并不需要很长,但效果会很好,磨刀不误砍柴工,就是这个道理!

教会男孩学会管理时间

小涛的爸爸妈妈是科研工作者,从小,他们就培养小涛严谨的学习和生活习惯。虽然小涛只有10岁,但是他却不需要爸爸妈妈吩咐任何事情。每个周末,小涛早晨起来第一件事情就是摊开记事本,写下自己一天要做的事情,并且按照轻重缓急从上到下罗列开来。

接着,小涛按照所罗列的任务单,从第一件事情开始做,做完一件事情才会接着做下面的事情。这样,根本不用大人督促,小涛不但能很快地把作业做完,同时还有玩的时间,这令爸爸妈妈很高兴。

小涛的爸爸妈妈也有这一习惯,他们会把每天要做的事情都记下来,然后按照所写的去做,通常不会把事情落下,效率也很高。小涛在爸爸妈妈潜移默化的影响下,也养成了把一天的事情按重要程度罗列出来这个好习惯,并且受益不浅。

故事中的小涛就是个善于管理时间的男孩,很明显,任何一个男孩,一旦懂得管理时间,就能高效地学习,并能养成好的做事习惯,从而受益终身。

然而,在现代社会中,很多男孩是家中的小皇帝,父母的包办和安排让孩子不会合理安排自己的时间,很多家长常常会面临这样的情况：孩子写作业时，写着写着没了耐心，或者觉得太难，不愿意做了，一点毅力和耐心都没有，这都是男孩不会管理时间的表现。

那么，父母该怎么样培养男孩掌握时间管理的能力呢？

1.引导男孩认识时间的可贵

可能很多家长会认为，男孩年龄还小，再让他玩几年，到了一定的年龄，他会知道学习的；还有一些父母，认为男孩不能放过任何空闲的时间。这两种教育方法都是极端的，真正的珍惜时间，是指该学的时候就认认真真地学，不要去想另外任何的东西；该玩的时候就痛痛快快地玩，也不要去想学习。光玩不学不行，光学不玩不行，边玩边学也不行，社会不需要"玩才"，社会也不需要书呆子。

2.让男孩学会分出事情的轻重缓急

父母可以帮助男孩把复杂的事情分解一下，再制订一个时间进度。就拿写作业来说，父母可以试着让孩子调整写作业的顺序，一般先做简单的，再做有难度的。因为人的最佳学习状态应该是在学习的十分钟以后，口头作业和书面作业交替做，这样不会太乏味。

父母教会男孩把事情的轻重缓急分出来，让孩子在第一时间把那些必须且紧急的事情做完，再去做别的事情，这样合理利用时间，有利于提高效率。

父母每天让男孩把一天的任务写下来,分出哪些是紧急要做的,哪些是次要的,哪些是必须要做的,哪些是可做可不做的等,进行一个先后排列,然后让男孩根据排列的先后顺序去做事,就会提高男孩的时间管理能力。

3.教会男孩统筹安排

教会男孩统筹安排,他才会在同样的时间内做出更多的事情,提高时间的利用率。

孩子做事情大多都是一件事情完成后再去做另外一件事情,父母要教孩子学会同时做几件事情,根据事件的特点与需要的时间学会统筹安排,这样能够节约时间。

4.引导男孩养成科学的作息习惯

科学的作息规律,不仅有利于休息,还能提高做事的效率。父母根据男孩的特点,帮男孩制订一个适合的科学作息规律,不但会使男孩睡眠得到了保证,还能避免男孩在课堂上打盹儿,从而提高时间的利用率,加强孩子的时间管理能力。

总之,教会男孩学会管理时间,可以让男孩养成做事有条不紊的好习惯,同时也能提高他们的自信心和独立性。这对于男孩今后的独立生活大有益处!

第9章

异性交往：教会男孩如何与异性礼貌相处

青春期是男孩身体发育的年纪，而这些发育期的生理剧变，会带给男孩情感上的变化。比如，会产生性冲动性幻想、会对异性产生羡慕，甚至会过早地恋爱，这些都是我们父母不容回避的事实。此时，我们应该充当男孩的情感老师，要及时地为儿子解除这些困惑，帮助他健康、快乐地度过青春期！

放下架子，和男孩谈谈什么是爱情

我们先来看一段母亲和儿子的对话：

"其实，儿子，妈妈很高兴你能将心里话告诉我，原来你有了喜欢的女孩子了，这是件好事啊！

"妈妈也知道你现在内心很纠结，我在你这么大的时候，也曾喜欢过一个人，那时候，他经常来学校找我，并对我照顾地无微不至，我发现自己爱上他了，然而，后来我发现他早就有女朋友了，为这件事我很难过，成绩也下降了。"妈妈说完后，停顿了一会儿。

"后来呢？"儿子睁大了眼睛，好奇地问。

"后来，就在那段时间，我们学校转来了一个新同学，他很阳光、乐观，还会打篮球，老师安排我们成为同桌，我们平时一起学习、交流心得，很快，我就忘记了那件不愉快的事情了。"

"真羡慕你有这样的同学。"儿子说。

"是啊，我们很快相爱了，但是我们都有自己的理想，我们不能沉浸在爱情里，所以我们约定，一定要考上大学，后来，我们大学毕业后就结婚了……"妈妈沉浸在幸福的回忆中。

"啊，这个人就是爸爸呀？爸爸太棒了！"儿子吃惊地说。

"是啊，你爸爸是个非常优秀的人。不然我不会那么喜欢他。那你认为她呢？"

"我不知道，但她是个美丽又温柔的女孩子。"

"孩子，妈妈也给你一个建议：你们也不妨来个约定——你们要一起考上大学，等你考上大学之后，如果你还是这么认为，那么你不妨开始一段美丽的爱情。在这之前，你可以跟她做很好的朋友。"儿子点点头答应了。

案例中的这位母亲是明智的，当儿子告诉她自己有了喜欢的人时，她并没有和一些家长一样火冒三丈，然后劈头盖脸地教训，而是用自己的爱情故事来告诉儿子该怎样面对青春期的懵懂感情。

所以，作为家长，如果你发现儿子有早恋的倾向，不妨也放下架子，与孩子来一次促膝长谈，帮助孩子脱离早恋的苦恼，从那段青涩的爱情走出来。

那么，父母应该怎样向男孩灌输正确的恋爱观呢？

1.表达你的理解，和男孩来一次促膝长谈

我们要关注男孩，应经常询问孩子对周围异性的印象如何，以了解孩子的情感倾向和所思所想。同时，父母可讲讲自己的青春期异性交往经历与故事，让男孩说出自己的看法。要注意，最好避免用早恋这样的字眼，因为这一时期的男孩与异性交往大多只是出于一种朦胧的爱慕心理。

2.告诉男孩与异性交往的分寸

我们不妨直言不讳地告诉男孩，青春期对异性产生好感并不可耻，但一定要把握分寸，大胆、大方地与异性交往，即使对异性有好感，也只能将这种好感作为一种美好的愿望，珍藏在心底，等自己真正长大成熟时，它就会以百倍的力量、热情、成熟来迎接你！

3.引导男孩把精力转移到学习上来

青春期是孩子长知识、长身体的黄金时代，世界观还未形成，缺乏必要的社会知识与经验，如果过早地陷入爱情的旋涡中，势必会影响自己的学业和身心健康。父母要告诉男孩，你现阶段要做的是，明确自己在青春期的奋斗目标，把精力重新投入学习中，才是明智之举。

总之，男孩开始进入青春期后，身心上的巨变，都会让他对爱情产生一些懵懂的意识。这段时间的男孩经常会陷入迷茫，他们不知道自己要做什么，根本不知道什么是正确的恋爱观。

如果家长们能够给予他们足够的理解、支持、关心和耐心，鼓励他们说出自己的想法，然后告诉他们该怎么做，男孩就会找到内心与外在世界的平衡，顺利地渡过这段危险期！

怎样和青春期男孩讲解性

我们发现，我们的儿子好像突然长大了，昨天的他还是一个在父母怀里撒娇的男孩，今天他的个头比自己都高了。昨天的他还是一个和邻居家小男孩抢零食的孩子，今天他看见了女生都会退避三舍……此时，性健康教育成为摆在很多家长面前的一道不可回避的难题。

然而，面对这个问题，大人们似乎总是很害羞，大多数家庭仍然是谈"性"色变；有一部分思想开放的家长想给孩子提前进行性教育，却又欲说还"羞"，不知从何说起。

可见，作为男孩的父母，我们有必要结合男孩身心发育不同阶段的特点，及时进行性生理、性心理、性道德等知识教育。

1.父母转变观念，不必避讳谈"性"

如果你的儿子开始关注或者向你提问性知识，那么，作为家长，其实你不必恐慌，反而应该高兴，这说明你的儿子开始长大了；而假如你发现他开始做一些手淫这样的事，也不必惊慌，更不要呵斥孩子，要知道，手淫不会使男孩性狂热。性无知和羞怯才会对他们产生消极的影响。

2.家长首先要学习性知识，为男孩解疑答惑

一些家长在遇到儿子询问性知识问题时哑口无言，或避而

不谈,其实,这是因为这些家长对性知识的缺乏,因此,作为家长,应该学习一些有关性方面的知识来充实自己,了解一些与性教育有关的知识。有了比较足够的知识准备,与儿子谈论性问题时才会有自信心。父母亲的自信心是轻松而有效地实施性教育的关键。

3.家长转变观念,让男孩从正确的渠道获得性知识

青春期发育是人生必经之途,由于性成熟而出现对性知识渴求和对异性向往是自然的。青春期男孩十分需要从正规渠道(当然包括孩子的父母)获得有关性与生殖健康的知识。如果封闭了正确的性知识,不但不能起到保护作用,反而使男孩从其他渠道接受片面的、似是而非的甚至色情淫秽的内容,妨碍其身心健康的发展。青春期时的性教育如果出现缺失和失误,在男孩成长史上就会留下无法弥补的遗憾。

4.如实相告,不要恫吓孩子

一些父母为了杜绝男孩子产生性尝试的欲望,往往从消极方面教育男孩,如说性会导致艾滋病和其他疾病、少女怀孕、强奸……当然,告诉孩子这些是必要的。但我们更要注重正面教育,要告诉男孩,正当的性是人类美好的东西。

5.讲解时态度自然,如实相告

青春期的男孩已经有辨别的能力,因此,在灌输男孩正确性教育前,自己先要有正确的思想,而后才能教导他正确的观

念，提供适当的性教育，使男孩在很自然的情况下，吸收性知识。另外，对男孩好奇的一些常规问题，家长既要如实相告，又不能太复杂，否则，只会让孩子更困惑。例如，人是怎样出生的？父母可以从植物结果讲起，接着联系到人的"性"与生殖，也可以从动物的生殖活动进行示范性比喻。浅显地介绍人类生殖的生理，有助于男孩弄清问题。

在很多有男孩的家庭中，父母总是避讳谈"性"的问题，而让儿子自己去摸索，往往使许多男孩因一时的"性"好奇，而犯下错误。其实，我们父母是性教育的启蒙者，以自然、正常的态度，教导男孩正确的性观念，才不会让男孩从一些非正面的渠道了解，才不会让他对"性"有错误的想法和观念，你的孩子才会身心健康地成长！

引导男孩正确看待性幻想

林先生是单亲家庭，几年前和妻子离了婚，儿子跟着他生活，这不，儿子到了青春期，他对儿子更关心了。

这天，他给儿子叠被子的时候，发现，有本摊开的日记本，刚开始他在犹豫要不要看，但最后，他还是看了，内容大致是这样的：

从初二开始，我喜欢上了一个女孩，她是隔壁班的，我好不容易偷偷拍到她的照片，我很高兴，晚上就经常看，后来，我发现自己居然对着她的照片产生一些奇怪的幻想，如亲吻她，抚摸她，有时候想着想着还会射精，我觉得自己很可耻，我不知道该怎么办。

看完后，林先生知道儿子长大了，但是该怎么跟孩子沟通呢？

在生活中，不少青春期男孩大概都和案例中的林先生的儿子一样，认为性幻想是一件可耻的事，并且感到懊悔和自责，其实这是青春期的正常生理现象，但要懂得调节，并把注意力转移到学习上，不可沉溺其中，耽误学业，影响自身成长。

对此，作为父母，我们最好先告诉男孩性行为和性幻想的区别。

1.什么是性幻想

性幻想是指人在清醒状态下对不能实现的与性有关事件的想象，是自编的带有性色彩的"连续故事"，也称作白日梦。

进入青春期后，男孩的身体会逐渐发育，其中，性器官开始发育成熟，自然会对异性开始产生爱慕情绪，但是又不能发生性行为，只好以性幻想的形式发泄和满足自己的性欲望，于是，就会把自己曾经在电影、杂志或者书籍中看到的片段凑在一起，经过重新组合，虚构出自己与爱慕的异性在一起。

当男孩开始性幻想后，会随着自己的幻想过程，而逐渐进入角色。之后，还伴有相应的情绪反应，可能激动万分，也可能伤心落泪。

一般情况下，男孩产生性幻想，会在闲暇时间或者上床后的刚开始一段时间出现。部分人可导致性兴奋，有些男孩甚至射精，有的还伴随有手淫出现。这种性幻想在中学生中大量存在。据国内调查，在19岁以下的青少年中，有性幻想的占68.8%。如果这种性幻想偶然出现，还是正常的、自然的。如果是经常出现以幻觉代替现实，可能会导致病态，应当引起注意和调节。

2.什么是性行为

性科学研究按照性欲满足程度的分类标准，将人类性行为划分为三种类型：一是核心性性行为，即两性性行为；二是边缘性性行为，如接吻、拥抱、爱抚等；三是类性行为。

一般人们会认为性行为是知识性器官的结合或者说是性器官的结合，其实，这都是狭隘的想法，性行为的含义是广泛的，观看异性的容姿、裸体，电视的色情节目，接吻，手淫，阅读色情小说等，都是地地道道的性行为。

帮助男孩了解性行为和性幻想的区别，能帮助他们正确看待性幻想。总之，我们要告诉男孩，其实，性幻想并没有错，也不是什么可耻的事情，但要注意自我控制欲望，男孩在青春期应以学习为重，把精力放在学习上，就能够转移性幻想对自己的困扰，另外，多参加公共活动，也是一种自我调节的方式。

告诉男孩自慰有哪些危害

豆豆今年15岁，一直是个听话的好孩子，学习成绩也不错，但最近，他好像有点不对劲，总是精神萎靡、听课不专心，对此，他的爸爸刘先生无奈之下偷看了儿子的日记。

原来，儿子近来正为总喜欢手淫而烦恼，他觉得自己很可耻，但却无法控制自己的行为，一开始，他只是喜欢在椅子上摩擦产生性快感，后来，他无法满足自己心理的需求，最终通过手淫帮助满足，但是随着手淫次数频繁，他感觉心理不正常，非常害怕因此而染病，也认为自己很无耻和下流。

刘先生一直家教很严，自己和妻子也是高级知识分子，平时都不让孩子接触性方面的知识，可是一直乖乖的孩子为什么会这样呢？

伴随着身体发育的成熟，很多青春期男孩产生了性冲动,于是,很多男孩采用自慰的方式发泄,也就是人们常说的手淫。

性自慰是青少年为满足性冲动欲望的一种行为,这种玩弄或刺激外生殖器、获得性快感的自慰行为在青少年中普遍存在。其实,适度的性自慰并无大碍,但不能沉迷其中,影响身心健康发展。

那么,作为父母,我们应该如何让男孩正确认识手淫这一问题呢?

1.告诉孩子什么是手淫

什么是手淫呢?手淫是一种异常的、变态的性满足方式。手淫是指通过自我抚弄或刺激性器官而产生性兴奋或性高潮的一种行为,这种刺激可以通过手或是某种物体,甚至两腿夹挤生殖器即可产生。手淫是释放性能量缓和性心理紧张的一种措施。当然,手淫过度也是不利的,过度的手淫会使肉体的性感高潮在无须异性的正常诱惑下就得以满足,这是一种异常的、变态的性满足方式。

2.告诉男孩过度手淫会带来的精神恶果

长期过度手淫带来的最明显的恶果主要是精神上的。手淫的男孩由于得不到正常性生活所带来的感觉,自慰行为又担心被人发现,再加上社会舆论的压力,使得他们不得不刻意培养自尊的意识和表象,表现出对异性傲慢和不感兴趣的态度,用以掩盖自己的行为。当然,这些畸形的心理并非每个人都会发生,但是对于性格比较内向和脆弱的人,就容易出现这种倾向。

在了解这些性知识以后,可能很多男孩包括父母会产生疑问,那么,到底应该怎样掌握手淫的度呢?手淫一般不会引起任何的疾病,一般以一周一次为宜。频繁、重度的手淫可引起疾病像前列腺炎、遗精、早泄等,不育也是有可能的。

作为父母,如果我们让男孩从正常渠道了解这些青春期性冲动的知识,并告诉孩子以正常的方式发泄性冲动,那么,男孩自然能摆正心态,消除对手淫的羞愧感!

男孩与女同学交往就是早恋吗

这天,某小区整个楼道里都响彻着一对母子吵架的声音。

男孩一直反驳:"我没有在学校谈恋爱,信不信由你!"

下面是一对母子的对话:

"这么小就谈恋爱,耽误学习怎么办?"

"那你床头的抽屉怎么锁起来了?书包里的信是怎么回事?"

"你偷看我的信了?你怎么能这样?"

"你知道不，孩子，妈妈是担心你啊，有多少孩子因为早恋误入歧途，耽误学习，妈妈看得太多，你就听我一句劝吧。"

"我没有早恋。"

"那每天早上和你一起上学的那个女孩是谁？"

"我们班同学，我一个朋友，男女同学难道就不能成为朋友？"

"男女同学之间怎么会有友谊呢……"

"你真是草木皆兵，你是不是管我爸也这么严？"儿子一气之下说了这句话，"啪"的一下，一记耳光打在了儿子脸上，然后安静了。

这样的一幕估计在很多家庭中都发生过。很明显，案例中妈妈的做法是不对的。男孩到了青春期，都渴望与异性交往，男孩与女同学之间的适当交往，对于孩子的成长是有益的。作为父母的我们，不可草木皆兵，引发男孩的对抗情绪。实际上，青春期的男孩都有与异性交往的需求。

1.渴望交流的需要

在不少家庭里，男孩都是家里的独生子，没有兄弟姐妹，身边缺少同龄人做伴，而父母忙于工作，也没有时间与他们沟通和交流，所以他们的生活比较孤单。一旦心里有话需要倾诉的时候，孩子就会找个说得来的同学或者朋友来替代自己的兄弟姐妹情感。

2.异性交往是人格独立的需要

青春期男孩，除了生理发育和性成熟外，独立意识也大大增强。他们会强烈地意识到自己不是小孩子，希望独立尤其是情感上的独立。于是，男孩不再喜欢依赖父母，跟父母间的交流也不容易产生共鸣，不少家庭的男孩与父母之间还出现所谓的"代沟"。他们往往通过独立认识、交往新朋友、建立自己的同龄朋友圈来证明自己已经独立、成人了。

事实上，无论是谁的一生都注定要在两性的世界中度过，要适应相应的社会规范，青春期男孩就必然会与异性交往而非隔离。当然，这种交往是有利于身心交往的发展的。

父母要认识到，与异性交往是培养男孩正确的性别角色和健康性心理的必修课。我们要明白的是，正常的异性交往不仅有利于孩子的学习进步，而且也有利于个性的全面发展。如果能正确地对待并妥善处理异性间的交往，不仅可以让男孩顺利度过青春期，还可以起到学习上互助、情感上互慰、个性上互补、活动中互激的作用，对自我的发展是十分有益的。

所以有时候，男孩与女同学交往，未必就是早恋，我们父母不能疑神疑鬼，更不能质问男孩，而是要理解孩子的情感，并巧妙地引导男孩如何处理与异性之间的情感。

男孩与女同学走得太近怎么办

最近,森森妈妈很烦恼,因为她发现,森森最近好像和一位女生走得太近了:不仅每天上学、放学一起走,就连回家后,也是短信联系不断。眼看再过几天就要放假了,她担心的是,假期没有学校的管束,儿子和那个女生之间"要好"的感情会不会越来越难以控制?

其实一直以来,森森学习成绩都不错,但是从这个学期开始,成绩下滑了不少,老师也请了森森妈妈去学校谈过这个话题,老师说森森上学好像有点心不在焉,森森妈妈也向老师打听,森森在学校到底有没有恋爱,老师说暂时还没看出苗头。

森森妈妈从学校回来后更担心了,万一森森真的早恋怎么办?

其实,不只是青春期男孩,女孩也是,都有这样的心理:希望被异性同学关注,成为大家眼中受欢迎的人,所以他们会尽量改变和完善自己,这也是一个自我发展、自我评价、自我完善的最佳心理环境,是克服自身缺点及弱点的好机会。

作为父母,我们要从小培养男孩与异性建立健康的情感,使他们能够理解异性、尊重异性,与异性发展自然的、友爱的关系,会为他们今后顺利地进入恋爱和婚姻关系奠定良好的基础。

然而，对于男孩来说，与女同学之间的友谊是他们最为敏感的话题，因为同性间的友情是可以公开的，但对某个异性的好感却是隐秘的，在口头上是坚决不承认的，这恰好反映出男孩的矛盾心理。这一时期的男孩对异性会有一些兴趣，会关注她们的言谈举止，这种好感是朦胧的、短暂的、不稳定的，所以当他在对某个异性产生兴趣的这段日子里，他非常反感别人来刺探他的想法，更讨厌别人干涉他的做法，当家长、老师问及这方面的事时，他一般予以否认，仅说是普通同学关系。事实是，这一时期的孩子的情感正处于朦胧期、矛盾期，他自己也很难说清楚。为此，很多父母很担忧。

那么，对于男孩和女同学交往过密，家长该怎么办呢？以下是几点教育专家的建议。

1.支持男孩与女同学之间的交往，但也要让他们遵守交往规则

青春期男孩与异性交往有许多益处，家长应给予支持。而对男孩最大的支持，是制订交往规则，提醒男孩学会自律。

父母可以与男孩共同讨论媒体报道的案例或某些电视剧的情节，发表各自的看法，增强男孩自我控制的意志力。在与异性交往中善于自我控制，可有效避免许多不必要的麻烦和被性侵害的不良后果。另外，自控能力是建立在正确的知识观念基础之上的。家长还应该开诚布公，与男孩讨论与异性交往有

关的问题。不必有什么禁忌，凡是孩子感兴趣的话题，都可以摆到桌面上进行讨论和争论，必要时还可以查阅书刊或请教专家。

2.教导男孩学会抗拒诱惑，明辨是非，正确选择自己的成长道路

男孩在与异性交往中也会面对形形色色的人和事，如果缺乏分辨力，或是被表面现象迷惑，就可能被社会上负面的东西欺骗或侵蚀。一方面，父母在对待婚姻家庭、异性交往的态度行为上应该为男孩做出榜样；另一方面，要对男孩信息透明，不要以为孩子看到、听到的都是正面的东西，就不会出问题，关键还是引导男孩学会自主地选择，要有能力自我保护。

总之，男孩进入青春期，渴望与异性交往，是其身心健康发展的重要标志。教会男孩学会与异性和睦相处，是对未来婚姻家庭的准备，也是对未来事业发展和社会人际关系适应的必要准备。

男孩对女老师产生爱慕之情，如何引导

有一天，刘太太正准备帮儿子整理房间时，发现儿子电脑没关，而他的QQ空间也是打开的，儿子好像在写什么心情

日志，于是，满心好奇的刘太太就看了看，日志内容是："我确实长大了，我今年15岁了，就在半年前，我对自己的想法和感觉还不确定，但现在我十分确定了，我确实爱上她了，虽然她是我的老师，但爱一个人没有错，因为她有一颗善良的心。我是从初二开始发现的，那个时候，我还在浑浑噩噩地过着，每天和班上几个成绩差的学生在一起玩，后来，她找我谈话，告诉我应该怎样过自己的人生，她给了我方向感，她把我挽救了出来。在我没有信心的时候，是她给了我信心，她让我重新站了起来。所以我很感激她，但现在不是感激了，我现在越来越依赖她了，我发现我离不开她了，我爱上了她。谁能理解我呢？"

看到这里，刘太太呆住了，儿子喜欢上了女老师，这可怎么办？

看到这里，不少家长可能也有同样的担忧和苦恼，儿子对女老师产生情愫，可怎么引导？

的确，青春期是每个男孩情窦初开的年纪，而与之接触最多的除了同学就是老师。对于男孩来说，他们容易对稍长几岁的女老师产生一种爱慕之情，因为女老师通常温柔、善良、知识丰富，即使最枯燥的课也能讲得栩栩如生。

但事实上，男孩并不知道，这并不一定是爱，很可能是崇拜。很多青春期男孩，对曾经帮助过自己的女老师都有过类似的情感，以为这种情感就是爱，其实不一定，有时候，也可能是恋母情结的一种反映，潜意识里把她当作自己的母亲一般去爱。这并不是真的爱情，而是一种崇拜和敬畏。

对于这种情况，作为父母一定要对男孩进行引导，让他清楚崇拜和爱的区别，否则，男孩很容易陷进情感的泥潭中。

1.先让男孩冷静思考以下几个问题

（1）爱一个人或许不需要理由，但必须知道爱她什么，也就是她有什么特质吸引了自己。

（2）爱是相互的，爱一个人从某种角度讲，其实是意欲将自己的情感强加于被爱者，必须明白对方的感受或意愿。

你清楚老师被你"爱"的感受或意愿吗？

（3）爱除了是一种感觉外，更需要责任心。爱一个人说白了是要对对方的一生负责，包括生老病死、包括贫穷与灾难，包括她可能移情别恋。任谁都有权利爱或被爱，但必须清楚自己的储备是否足够对方一生的消耗。请认真清点自己的储备是否充足？

（4）爱情也需要经济基础。在经济社会，排除经济条件、社会地位、人文环境的"纯粹的爱情与婚姻"是不存在的。爱的双方必须拥有相对平衡的社会平台。

2.为男孩分析，老师到底是不是爱人

你可以这样告诉男孩:"首先,你们年龄上就有一定差距,人生经验和社会阅历上有差距,人生观、价值观上也有不同点。其次,青春期的喜欢并不稳定。你们之间并不是相互了解,你之所以喜欢她,是因为你把她想象得比现实中完美了。而你也许是情窦初开,等心理成熟以后,就会发现其实你所选择的她并不是你想要的那种人。最后,在学校里容易受到周围人的影响,可能你并不想谈恋爱,但是别人都在谈,你也许就会去留意某一人,而实际上并不一定就是你心目中原来的那个'白雪公主'。"

总之,我们要让男孩明白的是,他应把对老师的爱慕转换为学习的动力,如果能教导男孩把这种喜欢的感觉用得恰到好处,让男孩产生学习的动力,那么是能对男孩的成长起到正面的督促作用的。

引导男孩理智对待网恋

小义今年才15岁,初二,但已经"谈恋爱"了,他还告诉他的朋友,他的"女朋友"是网上认识的,聊了三个月了,马上就要见面了。

小义的妈妈李太太这段时间也发现儿子不对劲,以前回家最多在书房上一个小时网,现在,他不开家里电脑了,而是去网吧上网,尤其是周末,经常是整天都不回家,李太太找到老师,老师向学生打听,才知道小义网恋了。

而老师经过调查才发现,小义这个所谓的"女朋友"是在娱乐场所从事不正当职业的人,已经骗过好几个青少年了。李太太当时吓出一身冷汗,儿子差点被骗了。

后来,小义痛苦地说:"我原来是班里的前三名,自从迷上了网恋后,现在成了班里的倒数第三名,其中数学仅考了27分,另外,还有4门功课不及格!"老师听完他的讲述后,给他分析了网络的利弊,希望他以后多加注意,对待网络朋友一定要慎重。

现代社会,青少年迷恋网络的现象让很多父母很是担忧,其中一些男孩还开始网恋,一些父母知道后,他们每天的首要任务就是监督男孩的上网情况,不能超时,不能视频,不能和陌生人聊天,不能……不能……你的儿子能顺服于众多的不能吗?更有些男孩不服从父母的管教,半夜逃跑到网吧上网了。这种现象在生活中并不少见,可见,其实,这些孩子已经成为网恋的牺牲品,而这种结果的出现,正是父母错误的管教导致的,可怜天下父母心,男孩的心思越来越难以捉摸了。对网恋中的青春期男孩,"堵"不是办法,因势利导才是上策。

作为家长，可以试着从以下几个环节入手：

（1）故作不知情，找到合适理由，限定男孩上网的频率和时间。

（2）增强家庭成员之间的情感交流，使男孩体会到家庭浓浓的亲情和爱意。

（3）引导男孩多关注学习，分散多余精力。

（4）关注男孩的日常学习生活，帮助他养成良好的生活、学习习惯。男孩旺盛的精力都被利用了起来，自然就没有闲工夫再沉迷于"网恋"了。对成绩不好的男孩多鼓励，赏识男孩作出的一切努力，不要一味地批评，把男孩"逼"到网络世界中寻找虚拟的快乐。

（5）多带儿子参加户外活动，让他充分享受到现实世界的美好。同时，鼓励男孩多参加学校集体活动，男孩见识到更多、更优秀的同龄人，自然就不会盲目沉迷于"网恋"了。

（6）多带男孩参与更多兴趣爱好。网恋与网瘾是分不开的。凡是有网恋的男孩，一般都是经常沉迷网络，精神世界空虚，没什么兴趣爱好。因此，父母可通过读书看报、唱歌跳舞、绘画、种花草、家庭旅游等，培养孩子多方面的兴趣爱好、充实男孩的精神世界。

（7）要重视与男孩平等地交流与沟通。父母不能只关心男孩的学习与生活，而且要关心男孩的思想，经常听听男孩的心里话；要针对青春期孩子易冲动的特点，帮助男孩学会分辨现实与虚拟，不受网婚虚拟情感的诱惑。

（8）要与老师经常保持联系，掌握男孩在学校的全面情况。

总的来说，我们要了解男孩的思想情感动向。如果网恋影响到了学习，家长要选择恰当的时机，以朋友的身份与男孩交谈，让男孩明白网恋的影响，一定要把握好语言、方式，切忌伤害男孩稚嫩脆弱的情感，造成男孩逆反和抵触心理，或者给男孩成长留下阴影，青春期的男孩就像透明美丽的易碎品，家长一定要轻拿轻放，要能够放下心态，真正走进孩子的心灵。

第10章

智能发展：激发男孩的学习和阅读兴趣

当今社会，我们任何一个人，要想进步，想要超凡脱俗，要想紧跟时代的步伐，就必须要有不断学习的习惯，尤其对于成长中的男孩来说，智能发展就显得尤为重要。对此，作为父母，我们要有一个清醒的认识，要因势利导，激发男孩主动思考的能力，挖掘男孩的各种思维能力，激发其阅读兴趣，据此来培育男孩出众的学习能力，进而把男孩培养成一个富有智慧的人，让其受益一生。

别用成人的标准来约束男孩

5岁的小凯特别活泼,一天,妈妈带他去楼下玩,妈妈在前面走着,小凯在后面跟着,但过了一会儿,妈妈回头却发现儿子不见了,妈妈急忙四处寻找,发现在不远处的草地上,小凯正趴在地上,专注地玩什么东西。

妈妈悬着的一颗心落了下来,她悄悄地走到小凯背后,发现小家伙正专心致志地用一根草棍拨弄着一只小虫子,翻来覆去,仔细观察蚂蚁的每个动作。"宝宝,你在干什么?"妈妈问。"妈妈,我正在玩小虫子。"

"玩什么虫子,我不是告诉过你吗,不要在地上玩,太脏了。"说完,妈妈就拽起小凯离开了。

很明显,小凯妈妈的做法是不对的。小凯玩虫子,是好奇心的表现,每一个活泼好动的孩子,对世界都有着强烈的探索欲望,总是具有敏锐的观察力、想象力和思考力,而这些是成才的关键,如果我们家长忽略了这一点,而把它当成不听话、犯错误的行为,就大错特错了。

在生活中,不少父母都感叹儿子太调皮了,不好管教,而其实,男孩天生比女孩活泼,作为父母,我们要理解男孩的行为，要知道，也别用成人的标准来约束他们。

对于男孩调皮好动的行为，父母可以从以下几点引导。

1.理解男孩调皮捣蛋的行为

很多孩子调皮捣蛋，父母带他出去玩，他总是喜欢做一些危险动作，如登高、从高处往下跳。父母因为担心他的安全而制止他的行为。

在中国传统的教育理念中，认为孩子好静更好，甚至总是约束孩子的一些行为。但其实，孩子是需要自由空间的，需要有广阔的天地来让他们成长，因此，对于孩子那些活泼好动的行为，我们不必强加干涉，只需要做到保护他的安全，要知道，孩子在奔跑、跳跃、攀爬这些活动中，更容易获得健康的身体，也更容易活跃大脑。

2.鼓励男孩有自己的思维方式

我们的孩子，他们也有自己独特的思维，作为家长的我们，如果用成人的思维方式对他们粗暴地干涉，就会扼杀他们的想象力和创造力。

3.给孩子一个行为标准

这个行为标准的制订必须是在和孩子已经站在统一战线的前提条件下，也就是孩子认可有时候父母的话是正确的。

此时，你应该告诉孩子一个原则，一个标准。在这个标准下，他知道什么东西去执行，什么东西坚决反对，掌握好这个度就可以了。不是不管他们,而是怎样合理地管的问题。

因此,综合来看,男孩活泼好动,是他们的天性,我们父母不能要求他们一味地听话,要知道,盲目听话的"乖孩子"真正成为社会精英、业界尖子的不多,当然,我们也要给男孩一些行为标准,让他们在合理范围内按照自己的想法对待生活和学习。

鼓励男孩大声说出自己的想法

在家庭教育中,很多父母都希望男孩听话,因为这样的孩子,在小时候可以避免许多不必要的危险和麻烦。男孩的听话也让父母欣慰,因为听话的孩子肯定不笨,理解力强,善解人意。然而,这是一个强调创意的年代,如果习惯于听话,在孩子独立面对世界的时候,他会迷失自己,因为当找不到那个权威的发话人,他就不知道该听谁的。

事实上,只有富有自主和创新精神的男孩更能适应未来社会激烈的竞争,要培养这样的男孩,我们就要从小培养男孩敢于说出自己的想法,具体来说,我们需要从以下几点引导。

1.不要总是用"真乖""真听话"这样的词语评价男孩

一位细心的妈妈发现,以前她喜欢夸奖儿子"真听话",

慢慢地，孩子便会事事按照妈妈的话去做，可是一旦让他自己拿主意的时候，他就不知道怎么办了。后来，这位妈妈决定不这样夸奖儿子，而换一种具体的评价，如当孩子吃完零食，自己收拾垃圾时，妈妈就表扬他："对，吃完东西就收拾干净，这样既整洁又卫生！"慢慢地，孩子开始知道自己该做什么，不该做什么，而不用等待妈妈的吩咐了。

2.尊重孩子的感觉

孩子都有自己的想法，尽管他们的想法可能是幼稚的，甚至是错误的，但我们不能轻易否定他，要尊重他的感觉和选择。

一天，妈妈带小胖去买鞋，小胖想要一双有喜羊羊图案的运动鞋，妈妈一看，那双鞋质量太差，做工非常粗糙。于是，妈妈给小胖买了双品牌鞋。小胖很不高兴。妈妈耐心地跟他说："那双质量不好，而且不适合你。这双质量好，比那双还贵呢！"可是小胖想："这双虽然好，但是没有喜羊羊，不是我喜欢的。"

其实，孩子并不想买多么高档的东西，尤其是男孩，他们更注重自己的兴趣所在。只要孩子喜欢，就是买一双质量差的又有什么关系呢?

3.给孩子一些选择的机会

在听话的孩子身边,往往有个细心、周到、能干且具有绝对权威的家长,他为孩子计划好了一切,却忘记了询问孩子的意见。父母应该多听听孩子的意见,多给孩子一些选择的权利。比如,家长可以问问孩子"今天咱们是去游乐场呢还是去植物园""明天奶奶过生日,咱们送给奶奶什么生日礼物好呢"。要记住,一旦你把选择的权利给了孩子,就要接受孩子的选择。

4.给男孩更多做事的机会

当儿子想要你帮忙拿挂在高处的东西时,你可以不直接帮助他,而是换个方式:"你自己有办法拿到吗""如果站到沙发上,可能会站不稳……对,站椅子上是个好办法""我想这个椅子对你有些大,你可能搬不动……嗯,这个小椅子很合适""哇,你居然用晾衣叉自己拿下来啦,真聪明"。

家长是男孩的第一任老师,教育方式的正确与否直接影响着男孩的一生,古今中外的成功男士身上,都有一个优点,那就是有主见、有思想、有魄力,这样的人正是做大事的人,也是历经社会折磨和苦难的人。因此,作为男孩的家长,必须要明白,"为孩子拿主意"的想法是永远行不通的,鼓励男孩大声说出自己的想法,才能让他慢慢自立,成为一个有用的人!

让男孩学会自己做选择和承担后果

有这样一个华人,在美国一个家庭亲眼目睹的两个例子。

第一个例子:饭桌上,2岁多的儿子不肯喝牛奶,要像大人一样喝可乐等各种饮料。

第二个例子:还是这个孩子,这时已经4岁了。一次在饭桌上,不知为什么事大哭起来。两次都是当着客人的面。

那么,这位美国父亲是怎么做的呢?面对第一种麻烦,这位父亲每次都只有一句话:喝完了牛奶,可以在我杯里喝一口可乐。隐含的选择是:你可以不喝牛奶,当然也没有"可乐"喝。请记住:口气坚决,是"告诉孩子除此没有商量余地";态度和蔼,是父亲认为2岁的孩子有这样的行为是正常的,不认为是"不乖"。孩子选择喝完自己的牛奶,父亲说话算数,当场兑现,笑眯眯地允许孩子在自己的杯里喝一口可乐。

面对第二种尴尬,父亲同样是和颜悦色,但语气严肃:我们在谈话,要哭,你可以到你的房间里去哭;想坐在这里和我们一起说话,就别哭。他同样不觉得孩子的行为使自己"尴尬",孩子选择了不哭。

可见,这是一个高明的父亲,在教育男孩的过程中,他没有选择责骂,也没有讲道理,更没有强求男孩子喝牛奶和直接制止孩子哭,他只是很具体地指出孩子可以选择的行为,以及每种行为的结果。

在整个过程中，父亲对孩子的沟通是具体的、明白的、民主的。这位父亲并没有要求孩子"听从什么话"，只是要求他自己做选择。他是真正把孩子当作"小人"看：不管有没有客人，2岁多的孩子吵着要喝可乐，不要喝牛奶，是正常的；饭桌上，4岁的孩子大哭也是正常的。父亲不会因此感觉"尴尬""失面子"。

注重让孩子自己做选择，能帮助孩子树立独立的信心，因为一个人做出什么样的选择，就是在描绘他今后的人生，对孩子的成长至关重要。

然而，我们发现，在我们生活的周围，谈及家庭教育的成败，不少父母评判的原则都是"听话"，"听话"的就是好孩子，否则就是教育出了问题。的确，一个"听话"的孩子，看起来是那么令人满意：他听大人的话，不打架，不爬高，不惹事；他听大人的话，老师说什么就做什么。他听大人的话，从不违背父母的意志等，他因此获得大人们一片称赞。

但试想一下，这样的男孩能真正自立吗？一个只知道听父母话的男孩，大概只能是父母的复刻版，他们不会自己拿主意，也从来不需要对自己负责，而仅仅只要"负责听话""负责服从"就可以了，这样的孩子，一旦离开校门、走出家门、步入社会，有竞争能力吗？有创造能力吗？不得不说，在父母庇护下长大的男孩充其量也只是父母的乖儿子，而不是一个真正的男子汉。因此，作为家长，必须要接受孩子成长中痛苦的过程，让孩子自己做出选择，承担后果。

鼓励男孩敢于质疑，开动大脑

一天晚上做作业时，东东发现数学老师布置的题目不对，怎么算都是错的，他也不敢肯定，所以反复演算了几次，结果都证明老师的题出错了，于是，他拿着作业本又去找在看电视的妈妈：

"妈妈，你看，老师这道题错了，我该怎么做？"

"怎么可能，你自己搞错了吧。"

"真的，妈妈，您看看嘛！"

无奈，妈妈拿过来看了看，发现果然是一道错题，然后赶紧给东东道歉："对不起啊，儿子，妈妈错了，妈妈不该只顾着看电视，而打击你质疑问题的积极性，以后遇到类似的问题，你都可以来问妈妈，妈妈不知道的，也会找人帮你解决。"

其实，在学习过程中，男孩是有一定的自主意识的，但是，很多时候，孩子质疑的精神却被家长扼杀了。比如，当男孩遇到疑问的时候，他们会告诉孩子："你把老师教的学好就行了，别管那些，简直耽误学习！"孩子放学回家的时候，家长问孩子第一句话："老师教的知识都记住了吗？""今天考了多少分？"于是，孩子在父母这些"谆谆教导"之下，开始变成一个"听话"的孩子，而孩子质疑问题的积极性也就打消了。

那么，作为父母，我们该如何培养男孩的质疑精神呢？

1.允许男孩说出自己的想法，允许孩子有自己的想象力

孩子的想象力是孩子学习和创造的动力之源，具备想象力的孩子才敢于质疑，没有想象力的孩子就像一潭死水，没有生机和活力。作为家长绝对不能有意无意地扼杀学生的想象力。那么，如何保护和培养孩子的想象力呢？

这就要求家长要有足够的耐心，要允许男孩说出自己的想法，对男孩充满想象力的答案要给予表扬，遇到问题鼓励孩子打破常规，发挥自己的想象力，不要用标准答案要求孩子，允许孩子有不同的答案、不同的见解。对于男孩的错误要宽容，久而久之，才能培养出男孩善于想象的天性。

2.培养男孩多动脑的习惯

任何一个成功者，都是善于思考的。牛顿通过对落地的苹果的质疑产生了关于重力的联想，爱因斯坦的相对论也是来自

于对太阳的质疑,爱迪生因为最爱向老师问"为什么"而成为伟大的发明家。

学会质疑思考是获得一切知识的源泉,任何一个男孩,如果不善思考,就不会有创新能力,只能是一个平庸的人。

父母要想让儿子有所突破的话,就要鼓励男孩多思考,如在做数学题的时候,你可以鼓励他找出其他解题的方法;当孩子对某些生活现象产生疑问时,你也要鼓励男孩多思考,久而久之,男孩爱思考的习惯也就形成了。

3.重视男孩提出的问题,培养男孩质疑的积极性

一些父母认为,只要儿子在课堂上踊跃发言就好了,而对于一些与学习无关的问题就不要问了,于是,对于男孩的问题,他们一般是忽略或者批评,而其实,要想提升男孩的求知欲,就要从日常生活中开始,重视男孩提出的问题,并带领他们思考问题,他们才会更愿意动脑和解决问题。

总之,孩子的头脑不是一个等待填满的容器,而是一个需要点燃的火把。

父母一定要消除"听话的孩子就是好孩子"这一观念,要不择时机启发和培养男孩敢于质疑的精神,鼓励孩子在学习中勇于提出问题,敢于表现自己,敢于独出心裁,敢于挑战权威、挑战传统,努力使孩子养成想质疑、敢质疑、会质疑、乐质疑的良好习惯。

带领男孩养成每天阅读的习惯

我们培养男孩,使之成为一个精神富足的人,方法有很多种,其中就包括读书,而让男孩爱上书籍的一个重要方法就是让他们养成阅读的习惯,为此,我们可以为男孩规定每天阅读十分钟,久而久之,男孩的知识面和阅读能力就提升了不少。

我们先来看看下面故事中的妈妈是怎么教育儿子的:

"我的工作很忙,每天都有做不完的事情,但即便这样,我还是不忘对儿子的教育,儿子今年六岁了。年初,我就和老公商量,谁有时间,就要带儿子去图书馆。刚好最近我在网上看到一个读书的活动,主要是倡议我们鼓励孩子多看书。

第一次是我带儿子去的,他刚走进图书馆,就被震撼到了,说怎么有这么多书,后来,那一整天我们都在图书馆,到下午五点的时候,我提醒儿子该回家了,他才不舍地离开读书馆,我问儿子有什么感受,他说:'妈妈,以后我们可不可以自己盖一个读书馆,里面好多好玩的东西。'我知道,我们这一次图书馆之旅起作用了,儿子爱上读书了。"

从这个故事中,我们看到一对母子的图书馆之旅。可以说,从小出入图书馆的人有着卓越的学识和特有的气质,因为读书是一项精神功课，对人有潜移默化的感染。这种特殊的气质，就是由连绵不断的阅读潜移默化养就的。

因此，作为父母，我们要经常带男孩出入图书馆，让他进入浩瀚的书海，他会变得越来越自信，变得越来越有气质。然而，我们的儿子在很小的时候，并未认识到阅读对人的精神世界的润养作用，为此，我们就需要与之订立规矩，帮助其养成阅读习惯，为此，作为父母，我们需要做到以下几点。

1.帮助男孩分析不爱读书的原因

如果你的儿子不爱读书，你需要了解儿子不爱读书的原因，是因为识字量不够，还是对内容不感兴趣。

如果是识字量问题，可以先引导男孩听书，让他感觉书里的很多事有些意思，再来看书。当儿子对书籍感兴趣了，才会愿意主动阅读。

如果是内容问题，你可以从男孩感兴趣的内容入手，逐渐扩展。

2.帮助男孩挑选读物，让其读好书

真正有利于男孩成长和身心健康的书才是好书。另外，图书馆的书虽然多，但不同年龄段的孩子，应读不同的书，读什么书，需要父母对儿子进行指导。

3.规定男孩每天最少阅读十分钟

任何习惯的养成最少需要21天，阅读习惯也是如此，一开始，我们可以带领男孩阅读，当男孩养成习惯以后，就会把阅读当成每天的精神粮食了。

"腹有诗书气自华"，作为父母，应该明白的是，丰富男孩的视野、提升男孩的品格，最为重要的方法之一就是阅读，因此，我们应为男孩订立规矩，让他在书籍的海洋中遨游，以此来扩大他的阅读量，丰富他的视野，和书籍在一起，孩子永远不会叹息！

重视开发男孩的想象力，不要扼杀

想象力的重要性我们深信不疑，有人生活的地方，都离不开想象，毕加索曾经说过："我花费了终生的时间去学习像孩子那样画画"，从毕加索这句话里，我们可以发现，其实，孩子的想象力是天生的，而且有着丰富的特点，这在他们的成长中有着重要地位。

对于男孩来说，他们从3～4岁开始，就已经有了丰富的想象力，如他们会将自己置身于动画片中的人物，会和自己的玩偶作战等，这一切都反映了孩子无处不在的想象力。作为父母，一定要开发和挖掘孩子内在的想象潜能，把这种想象潜能转化为一种智慧和能力。

1.培养男孩的观察能力

父母要清楚地认识到,所有的想象都必须建立在现实的观察之上,没有一个人的想象力能够离开他对现实世界的观察和联想。那么,父母要想培养男孩的想象力,首先必须培养孩子的观察能力。

其实,孩子本身就是细腻的,喜欢用眼睛去观察周围的世界,然后做出自己的结论。因此,父母应尽可能地引导男孩多多观察周围的事物,为男孩提供准确观察周围事物必需的材料。这样,男孩的想象力才有现实的基础,才会更精确,更有创造性。

2.安静等待,让男孩自己想象

对于男孩这些自发的富有创造性的想象力行为,作为父母一定要小心呵护,绝不要阻止他们自发的这些活动。每当发现男孩在进行这些活动的时候,我们需要做的就是等待——除了"观察和等待"之外,不需要提供任何不必要的帮助,除非男孩主动请求父母的援助。

3.把男孩的想象变成现实,而不是让孩子空想

这一基础打得越牢,孩子的想象力就越会得到最大的发展。任何夸张或粗糙的空想都不能使孩子走上正轨。我们只有做好了充分的准备,才能为孩子的想象力开掘出一条宽阔的通道,让孩子们的智慧之泉流淌。

有位母亲产生了这样的疑问:"当我的儿子在桌上不断地用手指比画着想象在练琴时,如果我们真的向他提供一架钢琴,这到底是件好事还是坏事?假如我们这样做了,孩子的想象力就得不到应有的锻炼了……"

这个母亲的担心的确有一定道理,然而还是应该为男孩提供真正的钢琴。因为男孩的这一想象中的需求如果得不到满足,他的想象力一样受到限制,就会在这一点上停留过久。如果他拥有了梦寐以求的东西,就会得到及时的训练,提高自己的能力,甚至想象自己已经成了一名伟大的钢琴家。很多音乐家就是这样成长的。

永远不要担心男孩的想象力会穷尽,因为一个想象的满足,会激发更新更高的想象。

而随着一天天长大,孩子就会对以前那些简单的想象失去兴趣,他们的想象力就会转移到伟大的艺术作品的阅读和创造上来。

这时,父母需要配合孩子想象力的成长,提供更具想象力的空间,来开发他们的创造性。毕竟,我们的儿子应该超过我们,从这个意义上来说,我们对男孩的想象力发展不应该做过多的限制。

引导男孩培养自己的观察力

暑假的一天中午，小金和妈妈一起坐车去郊区的姨妈家。上车后，车上已经没有座位了，所以小金就找了个地方站着，车上冷气很足，一会儿，大家都犯困了。

但就在此时，小金看见站在车中间的一个男人用刀划开了一位女士的皮手袋，小金当然想立即就指出来，但小金转念一想，万一对方否认怎么办，一定要拿到证据，等对方将女士的钱包掏出来以后，小金赶紧大叫："大家抓小偷，就是他，穿黑色T恤的那个男人。旁边的阿姨，你看你的手提袋……"

"小子，你胡说八道什么呢？"很明显，对方紧张起来了。

"你不要抵赖了，大家要是不信的话，可以让司机叔叔把刚才车内的录像带拿出来看看，另外，那个阿姨的钱包是长款的，你的裤子口袋似乎装不下吧。"小金在说这句话的时候，大家瞟了一下男人，发现他的裤子口袋果然露出半截钱包。

"这是我……我老婆的钱包。"

"是吗？那你说说里面都有什么东西？"

男人这下不知道说什么好了，而此时，这位被偷的女士说："其实，我的钱包里只有一百元现金，哦，对了，还有张我和我女儿的照片。"

此时，男人哑口无言了，最后，不到几分钟的时间，警察就过来了。

故事中的小金是个机灵的孩子，在车上，他一下子就看到了站在人群中的小偷，并且，他并没有直接指出来，而是在已经拿到罪证后才喊抓小偷，此时，对方已经无法抵赖了。

很明显，这样的孩子是值得父母骄傲的。我们也都希望自己的儿子能有这样的胆识和智慧，其实，这需要我们在生活中有意识地培养男孩的观察力。作为父母，我们要明白的是，观察能力是男孩智力发展的重要条件。然而，每个人的观察力不是自然而然形成的，它需要经过长期的观察实践和观察训练。这就需要我们把对男孩的观察力的培养融入日常生活和学习中。

1.引导男孩多接触社会

作为父母，不要再认为帮助男孩排除危险因素就是爱他，总把他们拴在身边，对他们实行二十四小时保护，这样的男孩是很难适应未来社会竞争的。

有社会经验的男孩才是真正的智者，因为他们有更多的阅历，更懂得如何保护自己和他人，而相反，一个整日把精力放在书本上的男孩是和社会脱节的，他日，当自己遇到危险时，他也可能束手无策。

2.有计划地让男孩执行一些观察计划

比如，你可以让男孩自己学会种一盆花，然后每天观察其变化，还可以写观察日记。这样的观察活动，既有兴趣，又有丰富的内容，效果很好。

另外，你还可以让孩子自己学会煮饭，如多少米，怎么淘，放多少水，大火烧多长时间，小火焖多长时间。当然，对于年幼的男孩子，为了安全起见，你需要对其进行一番指导。

3.告诫男孩要有警惕心，要有自我保护意识

孩子其实比大人更细腻，他们更善于发现生活中大人们容易忽视的问题。一个善于观察的男孩也总是能先人一步察觉到一些危险因素，因此，父母更要提醒男孩要有警惕心，从而提高他们的自我保护意识。

4.有意识地引导男孩学会察言观色，让他做一个善解人意的人

人际关系好的男孩一般都能照顾到所有人的情绪，因为他们善于察言观色，能察觉到交往时的一些不安分因素，并懂得见机行事。而男孩的这一能力是不可能凭空获得的，这需要父母在生活中对孩子进行培养。

参考文献

[1]王荣华.正面管教男孩100招[M].北京：民主与建设出版社，2017.

[2]周礼.正面管教儿童心理学[M].上海：文汇出版社，2017.

[3]张卉妍.正面管教男孩的100个细节[M].北京：中国妇女出版社，2017.

[4]简·尼尔森，谢丽尔·欧文，罗丝琳·安·达菲.0~3岁孩子的正面管教[M].花莹莹，译.北京：北京联合出版公司，2015.